Gerhard Eickhorn (Hrsg.)

Ungarn und Deutschland im künftigen Europa

Deutsch-Ungarisches Forum ·
Magyar-Német Fórum

Gerhard Eickhorn (Hrsg.)

Ungarn und Deutschland im künftigen Europa

Institut für Europäische Politik
Europa Union Verlag GmbH

CIP-Titelaufnahme der Deutschen Bibliothek

Ungarn und Deutschland im künftigen Europa / [Deutsch-Ungarisches Forum]. Gerhard Eickhorn (Hrsg.). [Institut für Europäische Politik. J. Antall ...]. –
Bonn: Europa Union Verlag, 1991
ISBN 3–7713–0404–0
NE: Eickhorn, Gerhard [Hrsg.]; Deutsch-Ungarisches Forum <01,1991, Budapest>; Institut für Europäische Politik <Bonn>

Verlag: Europa Union Verlag GmbH, Bonn
Redaktion: Barbara Lippert, Institut für Europäische Politik, Bonn
Gestaltung des Textes: PAPYRUS – Schreibservice, Bonn
Photos: Horst Brauner
Druck: DCM Druck Center Meckenheim GmbH
Printed in Germany
ISBN 3–7713–0404–0

Inhaltsverzeichnis

Zur Einführung

Gesellschaftliche Vertiefung der deutsch-ungarischen Beziehungen

Gerhard Eickhorn

Als Ungarn vor rund zwei Jahren entschlossen den Weg zur Demokratie beschritt, bedeutete dies auch und gerade für Deutschland eine Weichenstellung zur Überwindung der Teilung von Ost und West. Deshalb begleiten wir im nunmehr vereinten Deutschland den schwierigen Prozeß der innen- und außenpolitischen Neuorientierung Ungarns mit besonderer Dankbarkeit und Bewunderung.

Der Umbruch in Mitteleuropa geschah in Ungarn unter dem Leitmotiv der "Rückkehr nach Europa". Vor allem in dieser Perspektive fühlen wir uns eng verbunden mit den ungarischen Partnern und Freunden. Noch in diesem Jahr soll das Assoziierungsabkommen zwischen Ungarn und der Europäischen Gemeinschaft unterzeichnet werden. Das Vertragswerk trägt den treffenden Namen "Europa-Abkommen" und signalisiert das beiderseitige Interesse, das demokratische Ungarn in den europäischen Integrationsprozeß einzubinden. Nicht zuletzt unter dem Eindruck der Reformprozesse in Mittel- und Osteuropa bereitet die Europäische Gemeinschaft gegenwärtig die Vertiefung ihres Zusammenschlusses zur Politischen Union und zur Wirtschafts- und Währungsunion vor. Auch Ungarn wird seinen Platz im Kreise der EG-Mitgliedstaaten finden, wie es erfreulicherweise in der Präambel des Europa-Abkommens als Ziellinie der Zusammenarbeit festgeschrieben werden soll.

Parallel zu diesem Prozeß verläuft die Ausweitung und Vertiefung der bilateralen deutsch-ungarischen Beziehungen, die seit 1989 in nahezu allen Bereichen des politischen, wirtschaftlichen und kulturellen Lebens an Dynamik gewonnen haben. Ich möchte hier an die frühen Kontakte und die gelungene Zusammenarbeit der Europa-Union Deutschland mit den Reformkräften in Ungarn erinnern. So sprach der damalige ungarische Außenminister Guyla Horn im Oktober 1989 zu den Delegierten des Europa- Union Kongresses, die sich in Hamburg unter dem Motto trafen: "Die Europäische Union schaffen – Ganz Europa in Freiheit einigen!" Dieser Auftrag ist auch heute aktuell. Im September dieses Jahres wird die Europäische Bewegung – dreiundvierzig Jahre nach dem Haager Kongreß – in Budapest zu ihrem ersten gesamteuropäischen Kongreß zusammenkommen und damit dokumentieren, daß die Europäische Union ein gesamteuropäisches Projekt ist.

Die Erfahrungen der letzten Jahre und Monate haben einmal mehr bezeugt, wie wertvoll und unverzichtbar das Engagement einzelner für das europäische Einigungswerk ist, mögen sie direkte politische Verantwortung tragen oder in gesellschaftlichen Gruppen und Organisationen wirken. Dies gilt nicht zuletzt mit Blick auf die Persönlichkeiten, die an der Gründungsveranstaltung des Deutsch-Ungarischen Forums 1991 beteiligt waren.

Der hier vorgelegte Band vereinigt Beiträge dieser Gründungsveranstaltung. Insbesondere die europapolitischen Grundsatzreden der beiden Außenminister, Géza Jeszenszky und Hans-Dietrich Genscher vor dem Deutsch-Ungarischen Forum bezeugen den außerordentlich hohen Stellenwert der umfassend auszugestaltenden bilateralen Beziehungen. An dieser Aufgabenstellung will das Deutsch-Ungarische Forum mitwirken.

Die Idee dieser Initiative ist einfach und anspruchsvoll zugleich: Die Pflege und Verdichtung bilateraler Verständigungsprozesse zwischen Persönlichkeiten, gesellschaftlichen Kräften und politischen Parteien beider Länder bilden eine wichtige Ergänzung, um dauerhafte und tragfähige Beziehungen zwischen den Regierungen zu erhalten. Aus gutem Grund stellten die Veranstalter das erste Deutsch-Ungarische Forum unter das Motto "Ungarn und Deutschland im künftigen Europa".

Gerade wenn nationale und europäische Orientierungen nicht als Gegensätze auftreten, sondern eine fruchtbare Verbindung und Ergänzung bilden sollen, können binationale Gesprächsforen wichtige Impulse für das politische und gesellschaftliche Zusammenleben und Zusammenwachsen in Europa geben. Ungarn und Deutschland können in den Prozeß der europäischen Einigung ihr unverwechselbar Eigenes einbringen und ihn durch gemeinsame Initiativen bereichern.

Die Dimension der politischen, wirtschaftlichen und sozialen Herausforderungen, vor die sich Europa heute gestellt sieht, kann, mit ein wenig Übertreibung, als Herkulesaufgabe bezeichnet werden. Die Mitwirkenden des ersten Deutsch-Ungarischen Forums diskutierten im Juni intensiv über konkrete Probleme, aber auch die Chancen, die mit einer erfolgreichen Bewältigung dieser Aufgabenstellungen verknüpft sind.

Die Veranstalter – der Ungarische und der Deutsche Rat der Europäischen Bewegung, die Europa-Union Deutschland und das Institut für Europäische Politik – hoffen, daß diese Publikation anregt zu weiteren Gesprächen und einem intensiven Gedanken- und Meinungsaustausch über die Gestalt Ungarns und Deutschlands im künftigen Europa.

Die Ziele des Deutsch-Ungarischen Forums

Domokos Kosáry

Die Idee eines solchen Forums tauchte im Laufe der Verhandlungen der Außenminister unserer beiden Länder im Oktober letzten Jahres auf. Mit möglichst jährlich stattfindenden Sitzungen dieses Forums möchten die Organisatoren – der Ungarische und der Deutsche Rat der Europäischen Bewegung, die Europa Union Deutschland und das Institut für Europäische Politik, Bonn – repräsentativen Persönlichkeiten unserer beiden Länder eine regelmäßige Gelegenheit für einen freien und lebhaften Meinungsaustausch eröffnen. Hier werden Gespräche geführt und Erfahrungen ausgetauscht über die Funktionsweise der demokratischen politischen Institutionen, den Ausbau der sozialen Marktwirtschaft, über die Möglichkeiten, den Prozeß der europäischen Integration voranzutreiben und viele andere Fragen – wobei auch konkrete Formen der Zusammenarbeit auf verschiedenen Gebieten behandelt und angeregt werden könnten.

Die heutige internationale politische Lage bietet äußerst vielversprechende Rahmenbedingungen für die europäische Integration. Das neue Europa der Integration hat aber in Ostmitteleuropa auch spezielle Probleme zu lösen. Hier kann die Zukunft nicht einfach das Weiterleben der Idee der geschlossenen Nationalstaaten im traditionellen Sinne des Wortes bedeuten. Das neue Europa sollte eine echte, wahrhafte Gemeinschaft der europäischen Staatsbürger bedeuten. In diesem sehr vielfarbigen Mosaik brauchen wir klare, scharfe Farben, die gerade durch ihre starken Kontraste die Einheit des Gesamtbildes besser hervorheben können.

Rechte der Minderheiten

Der Weg zur Einheit setzt nicht die Zurückdrängung, sondern die Bewahrung der besonderen, eigentümlichen Charakterzüge der vielen kleineren und größeren europäischen Nationen und Volksgruppen voraus. Gleichberechtigung ist also nicht einfach die Garantie der gleichen politischen Rechte für alle Individuen sondern – besonders in Ostmitteleuropa – auch die ständige Berücksichtigung der kollektiven Rechte, der kulturellen Menschenrechte der ethnischen, religiösen und anderer Minderheiten in allen Ländern. In der neuen europäischen Gemeinschaft können machtgierige Politiker mit ihren Untertanen nicht willkürlich umgehen – eine große Zahl von europäischen Institutionen, die der staatlichen Souveränität im Sinne der Nationalstaaten des 19. Jahrhunderts eine Grenze setzen, garantieren das. Auf dieser Grundlage können die Voraussetzungen der friedlichen, ungestörten europäischen Einigung ausgebaut werden.

Teilung und Einigung Deutschlands und Europas

Neben den vielen multilateralen Organisationen haben auch heutzutage bilaterale Formen der Zusammenarbeit nicht an Bedeutung verloren. Die Geschichte bezeugt, wie bedeutsam gerade die Beziehungen Ungarns zu Deutschland waren. Denn in den letzten Jahrhunderten hat sich die internationale Lage wie auch der Bewegungsraum Ungarns mit den politischen Wandlungen in Deutschland in engem Zusammenhang gestaltet. Die Hoffnungen der ungarischen Revolution von 1848/49 beruhten auf der Erwartung, daß die deutschen Liberalen und Demokraten imstande sein werden, die deutsche Einheit zu schaffen. Und es war eigentlich der Krieg von 1866, der den Ausgleich des Jahres 1867 zwischen Österreich und Ungarn möglich machte.

Die bitteren Erfahrungen des Zweiten Weltkrieges waren nicht die Folge der deutschen Einheit, sondern eines entsetzlichen Regimes, das auch das deutsche Volk in die tiefste Tragödie gestoßen hat. Die Teilung Deutschlands nach dem Kriege fiel mit der Unterordnung Ungarns unter ein versklavendes, fremdes Herrschaftssystem zusammen. Und die Wiedergeburt der Einheit der Bundesrepublik Deutschland im Rahmen eines vereinten Europas wird hoffentlich auch Ungarns Einbindung in die Europäische Gemeinschaft erleichtern. So ist Ungarn, als es vor zwei Jahren das Risiko wagte, seine Grenze den ostdeutschen Flüchtlingen aufzusperren, nicht nur einem humanitären Mitgefühl gefolgt, sondern – vielleicht teilweise unbewußt – auch seinen eigenen Interessen nachgegangen. Mit der Gründungsinitiative für das Deutsch-Ungarische Forum soll ein wichtiger Schritt auf dem Wege der Ausweitung und Vertiefung der bilateralen Beziehungen getan werden.

Beiträge zum ersten Deutsch-Ungarischen Forum

V. l. Prof. Dr. Domokos Kosáry, Staatspräsident Árpád Göncz, Ministerpräsident József Antall, Otto Wolff von Amerongen, Gerhard Eickhorn.

Ungarns Rückkehr nach Europa

József Antall

Der Europäischen Bewegung verbunden

An der Schaffung dieses Forums haben der Ungarische und der Deutsche Rat der Europäischen Bewegung, der ich mich auch persönlich verbunden fühle, einen wesentlichen Anteil gehabt. In den ersten Monaten des Jahres 1989 ist mir die Ehre zuteil geworden, daß ich auf Ersuchen des damaligen Präsidenten der internationalen Europäischen Bewegung und heutigen Präsidenten des Europäischen Parlaments, Enrique Barón Crespo, den Ungarischen Rat der Europäischen Bewegung organisieren durfte. Als Anerkennung für diese Tätigkeit wurde ich in Genf im Oktober des gleichen Jahres zum Vizepräsidenten der Bewegung gewählt.

Es war für mich eine große Ehre und es hat mir zugleich Kräfte verliehen, daß ich als Vorsitzender der Ungarischen Kommission der Europäischen Bewegung, die sich später zum Ungarischen Rat verwandelte, während der nationalen Verhandlungen des Runden Tisches in Budapest vom 13. Juni bis zum 8. September 1989, als einer der Repräsentanten der Opposition die Europäische Bewegung verläßlich hinter mir wußte.

Durch das Zustandekommen des Forums werden die bilateralen Beziehungen mit einer neuen Institution bereichert, deren Bedeutung ich darin sehe, daß sie die hochrangigen Vertreter der breitesten Schichten der ungarischen und deutschen Gesellschaft, des politischen, wirtschaftlichen, kulturellen und wissenschaftlichen Lebens zusammenführt, um gemeinsam über weitere Möglichkeiten der Erweiterung und Dynamisierung der bilateralen Beziehungen nachzudenken. Das ist beispielgebend. Dies findet in dem Moment statt, in dem das Europäertum einen neuen Inhalt gewinnt. Damit ist eine weitere wichtige Aufgabe des Forums genannt: der Dienst an unserem gemeinsamen Kontinent.

Es ist wohlbekannt, daß die Europäische Bewegung, deren Ungarischer und Deutscher Rat Gastgeber dieser Konferenz sind, ihren Kongreß im September 1991 in Budapest veranstaltet. Ich denke, daß seine Bedeutung mit der des Haager Kongresses im Jahre 1948 zu vergleichen ist. Damals entstand im demokratischen Teil des durch Gegensätze geteilten Europa eine Bewegung, die die Losung der Unteilbarkeit des Europäertums auf ihre Fahne geschrieben hatte. Die Ereignisse der jüngsten Vergangenheit haben den Realismus der damaligen Ziele bewiesen. Wir sehen in der Tatsache, daß wir die Gastgeber dieser Veranstaltung sein können, die zum ersten Mal in der Geschichte dieser prominenten Bewegung in unserer engeren Region stattfinden wird, eine Anerkennung unserer Rolle bei der Einleitung der politischen Wende in Ost-Mittel-Europa.

Die infolge der nach 43 Jahren ersten freien, demokratischen Wahlen im Mai 1990 gebildete ungarische Regierung sieht eine ihrer wichtigsten Aufgaben darin, Ungarn und das ungarische Volk in das natürliche Umfeld zurückzuführen, aus dem es vor mehr als 40 Jahren herausgerissen worden ist: unter die freien Nationen Europas. Wir wissen wohl, daß die Aufgabe kompliziert ist. Die Jahrzehnte nach dem Zweiten Weltkrieg haben tiefe Spuren auf der politischen, wirtschaftlichen und kulturellen Karte Ost-Mittel-Europas zurückgelassen, deren Beseitigung unsere unverzügliche Aufgabe ist.

Aufgaben der ungarischen Regierung

Wir sehen die wichtigste Voraussetzung für eine erfolgreiche Reintegration in der Lösung unserer inneren Probleme, in der Konsolidierung der politischen Strukturen, in der Verwirklichung des durch außergewöhnliche soziale Schwierigkeiten belasteten wirtschaftlichen Systemwechsels. Daneben legen wir großen Wert darauf, daß wir unsere politischen und wirtschaftlichen Beziehungen mit den benachbarten Staaten dem Geist der Schlußakte von Helsinki und der Pariser Charta für ein neues Europa entsprechend harmonisieren. Das Ziel liegt noch weit vor uns, aber ich meine, daß auch für den gesamten Kontinent wichtige Veränderungen im Gange sind.

Im Prozeß der Erzielung unseres außenpolitischen Hauptzieles, des Anschlusses an die europäische politische und wirtschaftliche Integration, haben wir bereits bedeutende Schritte getan. Unsere Aufnahme in den Europarat und der Assoziierungsvertrag, der mit der EG noch in diesem Jahr unterzeichnet wird, sind wichtige Voraussetzungen dafür, daß die Vorbedingungen unserer vollständigen Integration in der zweiten Hälfte dieses Jahrzehntes geschaffen werden.

Ungarn in Europa

Nach der historischen Wende und dem Zerfall des Warschauer Paktes sehen sich die Völker Ost-Mittel-Europas vor neuen Herausforderungen. Auf lange Sicht kann und muß die Sicherheit der Region in einem gesamteuropäischen kooperativen Sicherheitssystem gewährleistet werden. Dieses Sicherheitssystem soll den ganzen atlantischen Raum, das heißt auch die USA und Kanada umfassen. Dieses umfassende Sicherheitssystem könnte aus dem KSZE-Prozeß hervorgehen und zwischenzeitlich durch ein Netz von bilateralen Verträgen gestützt werden.

Das politische, wirtschaftliche und kulturelle Gesicht des gemeinsamen Europas wird wie ein Mosaik durch die Leistung der einzelnen Länder sowie durch ihre bilaterale Zusammenarbeit zusammengesetzt. Es ist meine Überzeugung, daß die deutsch-ungarische Zusammenarbeit ein wichtiger Mosaikstein des Gesamteuropas darstellt. Auch hier möchte ich bekräftigen: Die ungarische Regierung mißt der Zusammenarbeit mit der Bundesrepublik Deutschland und mit ihren Bundesländern eine äußerst große Bedeutung bei. Das Deutsch-Ungarische Forum ist ein wirklicher Beweis dafür, daß Möglichkeiten und Handlungsraum für die Weiterentwicklung der bilateralen Zusammenarbeit vorhanden sind.

Europäische Einigung und deutsche Einheit

Otto Wolff von Amerongen

Das Forum stellt einen vorläufigen Höhepunkt in der engen Zusammenarbeit zwischen der Europäischen Bewegung in Ungarn und in Deutschland dar. Mancher, der mit den europäischen Dingen nicht so vertraut ist, wird sich fragen, weshalb gerade die deutsch-ungarischen Beziehungen einen derart wichtigen Rang in der Politik Europas nach dem politischen Umbruch der Jahre 1989/90 einnehmen. Dabei ist der Zusammenhang unübersehbar. Wir sollten auch die, die in unserer schnellebigen Zeit rasch die Erinnerung auch an wichtige Zusammenhänge vergessen, immer wieder daran erinnern: Es war die Entscheidung der ungarischen Regierung 1989, die Flüchtlinge aus der damaligen DDR nicht zurückzuschicken, sondern ihnen aus humanitären Gründen die freie Ausreise zu ermöglichen.

Deutsche Einheit als Teil eines europäischen Prozesses

Durch diese mutige Entscheidung der ungarischen Regierung wurde der Stein aus der Berliner Mauer gebrochen. Wir Deutsche sind dem ungarischen Volk hierfür zu besonderer Dankbarkeit verpflichtet. Die weitere Entwicklung ist bekannt, sie hat zum Zusammenbruch des SED-Regimes und der Herstellung der staatlichen Einheit Deutschlands geführt. Diese Tatsache zeigt deutlich, daß die deutsche Einheit Teil eines europäischen Prozesses ist. Sie kann eben nicht gedacht werden ohne die politischen Veränderungen, die zuvor in Polen, in der Sowjetunion und in Ungarn stattgefunden haben. Der politische Umbruch in der DDR hat seinerseits den Wandel in der Tschechoslowakei und in anderen Ländern Mitteleuropas beschleunigt.

Es ist die Aufgabe der Europäischen Bewegung in Deutschland, auf diese Zusammenhänge hinzuweisen. Jetzt oder später die deutsche Einheit als einen rein nationalen Vorgang zu begreifen, wäre nicht nur eine Geschichtsverfälschung, es würde auch die Grundlagen in Frage stellen, die diese Einheit ermöglicht haben. Zu den Voraussetzungen gehört auch die frühe Entscheidung für die Einbindung der Bundesrepublik Deutschland in die westliche Wertegemeinschaft. Die europäische Einigung, die in der Europäischen Gemeinschaft ihren stärksten Ausdruck gefunden hat, ermöglichte erst die deutsche Einheit. Sie hat das nötige Vertrauen zwischen den Staaten und Völkern geschaffen, um diesen wichtigen Schritt vollziehen zu können.

Deshalb ist heute die wichtigste Aufgabe, die europäische Einigung weiterzuführen und die politische Einheit Europas zu vollenden. Im Einigungsvertrag der beiden deutschen Staaten heißt es, daß die deutsche Einheit in den Dienst der europäischen Einigung gestellt werden soll. Für dieses Ziel müssen wir alle, Politiker, Wissenschaftler, Wirtschaftler und Publizisten, weiter werben.

Stärkung der jungen Demokratien

Der Europäischen Gemeinschaft ist heute kontinentale Verantwortung zugewachsen. Deshalb setzen wir uns dafür ein, daß die Regierungskonferenzen der Europäischen Gemeinschaft Ende dieses Jahres zu ratifizierungsfähigen Vertragserweiterungen über die Schaffung einer Wirtschafts- und Währungsunion sowie der Politischen Union führen. Diese Anstrengungen der Integration sind kein Selbstzweck. Sie sollen dazu dienen, die Europäische Gemeinschaft zu stärken und handlungsfähiger zu machen. Denn sie steht vor der großen Aufgabe, die jungen Demokratien in Zentral- und Osteuropa zu stärken. Dazu gehören auch vertiefte wirtschaftliche Beziehungen und gezielte ökonomische Hilfe. Dazu gehört überdies die enge Anbindung dieser Staaten an die Europäische Gemeinschaft, wie dies mit den Europa-Abkommen auf den Weg gebracht wird. Die Assoziierungsabkommen schließen bekanntlich die Perspektive einer Mitgliedschaft in der Europäischen Gemeinschaft ein.

In diesem Zusammenhang steht das auf die Zukunft gerichtete deutsch-ungarische Verhältnis und steht auch die Zusammenarbeit des Ungarischen und des Deutschen Rates der Europäischen Bewegung. Das Deutsch-Ungarische Forum will vor allem dazu beitragen, die offiziellen Regierungskontakte durch die Beziehungen zwischen den gesellschaftlichen Gruppen und Kräften beider Länder abzusichern und zu unterstützen.

V. l. Hans-Dietrich Genscher, Prof. Dr. Domokos Kosáry, Dr. Géza Jeszenszky.

V. l. Hans-Dietrich Genscher, Prof. Dr. Domokos Kosáry.

Kooperative Sicherheitsstrukturen in Europa: Der Beitrag Deutschlands und Ungarns

Hans-Dietrich Genscher

Europa steht an einem Wendepunkt in seiner Geschichte. Das eine Europa wächst in Frieden und Freiheit zusammen. Die Völker Europas, die einander jahrzehntelang in blutigen Kriegen bekämpften, mit feindseligen ideologischen Konzepten befehdeten, mit politischer und militärischer Macht unterdrückten, die durch Mauern und Stacheldraht gewaltsam und schmerzlich voneinander getrennt waren, gehen daran, ihre gemeinsame Zukunft in Frieden und Freiheit zu gestalten. In dieser historischen Phase unserer europäischen Geschichte entfaltet sich ein vielgestaltiges Spektrum von Konzepten und Denkansätzen für das künftige Zusammenleben der Völker Europas. In diesem Umfeld des politischen Aufbruchs und der geistigen und kulturellen Selbstbesinnung Europas hat die Gründungstagung des Deutsch-Ungarischen Forums ihren wichtigen und beispielgebenden Platz.

Wenige andere Städte vermitteln uns eindringlicher das Bewußtsein der politischen, wirtschaftlichen, geistigen und kulturellen Zusammengehörigkeit des einen Europa als Budapest. Diese Stadt war jahrzehntelang bis zur Zerschlagung des europäischen Einheitsbewußtseins in zwei Weltkriegen ein Zentrum kulturellen und geistigen Austausches zwischen Nord und Süd, Ost und West. Hier brach sich im Oktober 1956 der Freiheitswille der unterdrückten Völker Mittel- und Osteuropas Bahn, hier begann – behutsam und zögernd zunächst – der Prozeß der politischen und wirtschaftlichen Umgestaltung und Öffnung, der für andere Staaten in Mittel- und Osteuropa und schließlich die Sowjetunion selbst beispielhaft wurde und der nach der Freiheitsrevolution des Jahres 1989 in fast ganz Europa zum Durchbruch gelangt ist. Ungarn hat diesen hoffnungsvollen Prozeß der Überwindung der Grenzen in Europa und des Zusammenwachsens unseres Kontinents stets an vorderster Stelle mitgeprägt und mitgestaltet. Ungarische Politik erwies sich als europäische Friedenspolitik.

Wir Deutschen haben in diesem historischen Prozeß der friedlichen demokratischen Erneuerung Europas unsere nationale Einheit in freier Selbstbestimmung wiedererlangt. Wir sind uns dankbar bewußt, daß Ungarn vor zwei Jahren als erster den unmenschlichen Stacheldraht mitten durch Europa geöffnet hat, daß Ungarn unseren deutschen Landsleuten den Weg in die Freiheit geebnet hat. Wer in Zukunft von Einigung Europas in Frieden und Freiheit sprechen wird, wird vor allem auch von der wegweisenden, historischen Rolle Ungarns zu sprechen haben. Die gemeinsame Erfahrung des Schicksalsjahres 1989 hat den traditionell freundschaftlichen deutsch-ungarischen Beziehungen eine neue, besondere Qualität verliehen. Die Bundesregierung wird den wegweisenden Prozeß der demokratischen Umgestaltung und der Rückkehr Ungarns in die Gemeinschaft der freien Völker Europas auch in Zukunft mit großem Nachdruck unterstützen.

Perspektiven für Gesamteuropa nach den europäischen Freiheitsrevolutionen

In der Mitte des auf der Grundlage von Demokratie, Rechtsstaatlichkeit und Menschenrechten zusammenwachsenden Europa sind wir uns in besonderer Weise bewußt, daß unsere gemeinsame Zukunft eingebettet ist in die europäische Entwicklung. Die europäischen Freiheitsrevolutionen in Mittel- und Osteuropa haben dem gesamten Kontinent eine neue historische Perspektive eröffnet.

Vor uns steht die Vision des einen und freien Europa, dessen Völker miteinander freiheitliche Demokratie und prosperierende Volkswirtschaften aufbauen. Die Vision eines Europa, dessen Völker ihre Kräfte nicht gegeneinander kehren, sondern nutzen, um die eigene Freiheit und den eigenen Wohlstand in die Welt hinauszutragen. Dieses Europa ist mehr als nur das geographische Europa "vom Atlantik bis zum Ural", es wird zunehmend ein politischer Begriff: Die Sowjetunion hat sich in ihrer Gesamtheit diesem Europa zugewandt, die Vereinigten Staaten und Kanada gehören in vielfältiger Weise dazu. Europa ist Ausdruck einer neuen politischen Kultur- und Wertegemeinschaft, aufgebaut auf den Grundwerten der Freiheit, Demokratie, Rechtsstaatlichkeit, Menschenrechte und freien Marktwirtschaft.

Die 34 Staaten des KSZE-Prozesses haben in der Präambel zur Charta von Paris für ein neues Europa ein feierliches Bekenntnis zu diesen Grundwerten abgelegt. Wir Deutschen sind Teil dieser europäischen Wertegemeinschaft. Die Präambel unseres Grundgesetzes verpflichtet uns, "als gleichberechtigtes Glied in einem vereinten Europa dem Frieden in der Welt zu dienen". Dies ist und bleibt der vorgegebene Auftrag an unsere Außenpolitik. Statt überholter Machtpolitik vergangener Zeiten, die den eigenen Vorteil zu Lasten anderer suchte und Europa in unermeßliche Katastrophen stürzte, heißt unsere Devise Friedens- und Verantwortungspolitik. Deutschland hat sich mit Europa verbunden. Es steht zu seiner Verantwortung für die Schaffung des gemeinsamen freien Europa. Es stellt sich der historischen Aufgabe in Europa, Demokratie, Wohlstand und Sicherheit für alle Völker Europas zu schaffen. Ziel ist – wie ich es in den "10 Prager Thesen" vom 11. April 1991 gemeinsam mit

Außenminister Dienstbier formuliert habe: Stabilität in Europa in umfassendem Sinne zu gewährleisten, das heißt auch ökonomisch, ökologisch und sicherheitspolitisch.

Dabei geht es zunächst auch um die Abstützung der schwierigen Prozesse der marktwirtschaftlichen Umgestaltung in Mittel- und Osteuropa. Es kommt darauf an, den Menschen eine positive Lebensperspektive zu geben, die ihnen die Teilhabe am demokratischen Prozeß erleichtert. Die Bundesrepublik Deutschland hat hierfür bilateral und multilateral in den vergangenen Jahren bedeutende finanzielle Anstrengungen unternommen. Wir werden Sie gemeinsam mit unseren westlichen Partnern auch künftig auf ihrem schwierigen Weg der marktwirtschaftlichen Umgestaltung und Öffnung wirksam unterstützen.

EG-Beitrittsperspektive – eine historische Notwendigkeit für die neuen Demokratien

Hierzu gehört in besonderer Weise unser entschlossenes Eintreten für eine weitere Annäherung Ungarns und der anderen Reformstaaten an die Europäische Gemeinschaft. Und hierher gehört unsere uneingeschränkte Unterstützung für Ihre Mitgliedschaft in der Europäischen Gemeinschaft. Sie ist schon heute der feste Stabilitätsanker in Europa. Dies nicht nur für die westeuropäischen Demokratien, sondern auch für die neuen Demokratien in Mittel- und Osteuropa und für die Reformkräfte in der Sowjetunion.

Ihre Fortentwicklung zu einer wirklichen Politischen Union ist deshalb nach Auffassung der Bundesregierung von ausschlaggebender Bedeutung. Dies bedeutet für uns insbesondere: Stärkung der Rolle des Europäischen Parlaments und konkrete Fortschritte auf dem Weg der beiden Regierungskonferenzen über die Politische Union und die Wirtschafts- und Währungsunion werden entscheidende Etappen auf dem Weg zu diesem Ziel sein. Der Aufbau der Wirtschafts- und Währungsunion und der Politischen Union müssen parallel verlaufen.

Wir wollen nicht die alten politischen Grenzen in Europa durch eine Wirtschaftsgrenze ersetzen. Wir sind uns bewußt: Für die Demokratien in Mittel- und Osteuropa ist die Perspektive des Beitritts zu dieser Europäischen Gemeinschaft von historischer Notwendigkeit. Die demokratischen Führungen dieser Länder, belastet mit der erschreckenden Erblast jahrzehntelanger sozialistischer Politik, müssen ihren Völkern schwere Opfer und Entbehrungen zumuten. Diese Belastung kann nur ertragen werden mit der Gewißheit, daß am Ende des Tunnels die volle Rückkehr in die Gemeinschaft der europäischen Völker steht. Deshalb sagt Deutschland diesen europäischen Demokratien: Die EG steht für alle europäischen Demokratien offen: Wir – die EG – sind eine europäische, keine westeuropäische Gemeinschaft. Wir – die EG – sind nicht das ganze Europa, sondern nur der Kern eines großen und ganzen Europa. Wir wissen: der Weg der mittel- und osteuropäischen Demokratien in die Europäische Gemeinschaft braucht seine Zeit. Die politischen und wirtschaftlichen Voraussetzungen müssen geschaffen werden. Die derzeit vorbereiteten Assoziierungsabkommen, in der Tat "europäische Abkommen", werden entscheidend dazu beitragen, die mittel- und osteuropäischen Staaten in das gesamteuropäische System einzubeziehen. Die Bundesregierung wird sich im Kreise ihrer Partner auch weiterhin mit allem Nachdruck für einen zügigen Abschluß der Verhandlungen einsetzen.

Was aber kann in der Zwischenphase konkret getan werden, um die wirtschaftliche Lage der Staaten Mittel- und Osteuropas zu verbessern? Meine Antwort ist: Schaffen wir einen gesamteuropäischen Wirtschaftsraum, schaffen wir einen gesamteuropäischen Energieverbund. Schaffen wir einen gesamteuropäischen Kommunikationsverbund. Schaffen wir eine gesamteuropäische Verkehrsstruktur. Bemühen wir uns um einen europäischen Ökologieraum.

Nicht zuletzt: vertiefen wir den kulturellen und geistigen Austausch in Europa. Machen wir so die Einheit, die Zusammengehörigkeit Europas für die Menschen konkret erlebbar und erfahrbar. Bringen wir die Menschen in Europa näher zueinander. Dies sind die konkreten europäischen Aufgaben der nahen Zukunft. Sie erfordern die gesammelte Anstrengung aller Europäer. Ihre Bewältigung wird die Voraussetzungen für den Bau des einen Europa erheblich verbessern.

Entwicklung kooperativer Sicherheitsstrukturen gemeinsam mit Ost- und Mitteleuropa

Die Vertiefung der Europäischen Gemeinschaft muß einhergehen mit der Stärkung und Weiterentwicklung der transatlantischen Partnerschaft mit Nordamerika. Am 6. und 7. Juni werden die Außenminister der NATO zu ihrer Frühjahrstagung in Kopenhagen zusammentreffen. Wir werden dort über die Weiterentwicklung der europäischen und transatlantischen Sicherheitsarchitektur sprechen.

Das Westliche Bündnis hat durch seine wertorientierte, politische und sicherheitspolitische Bestimmung seine eigene Identität entwickelt. Es war von Anfang an mehr als nur die Reaktion auf die sowjetische Vorherrschaft in Europa nach dem Zweiten Weltkrieg. Es ist seit Anbeginn eine Wertegemeinschaft für Freiheit und für Demokratie. Als unverzichtbare Säule der europäischen Architektur ist und bleibt es eine Konstante europäischer und weltpolitischer Stabilität. Es wird einen wichtigen Pfeiler der neu entstehenden Strukturen kooperativer Sicherheit in Europa bilden. Niemand kann dieses Bündnis als Bedrohung empfinden, aber alle können es als Gewähr ihrer Sicherheit betrachten – auch Länder, die ihm nicht angehören. Wir Deutschen in der Mitte des sich wandelnden Europa sind uns der sicherheitspolitischen Besorgnisse in den demokratischen Reformstaaten Mitteleuropas sehr bewußt.

Jetzt kommt es zum einen darauf an, daß zwischen den Reformstaaten und allen ihren Nachbarn Vertrauen auf der Grundlage eines gleichberechtigten Partnerschafts- und Nachbarschaftsverhältnisses geschaffen wird. Es gilt zudem aber, die gesamteuropäische Friedensordnung zu schaffen, die das Westliche Bündnis schon 1967 mit dem Harmel-Bericht gefordert hat. Wir wollen diese europäische Architektur mit den Reformstaaten Mittel- und Osteuropas einschließlich der Sowjetunion weiterentwickeln. Die NATO hat der Sowjetunion und den anderen Staaten Mittel- und Osteuropas die Hand zur Freundschaft gereicht. Sie hat sich verpflichtet, den West-Ost-Dialog als Mittel zur Gewährleistung eines dauerhaften Friedens in einem ungeteilten und freien Europa auszuweiten. Zu diesem Zweck hat die NATO ein Geflecht politischer und militärischer Kontakte, Verbindungen und gemeinsamer Veranstaltungen vorgeschlagen. Wir werden uns in Kopenhagen dafür einsetzen, daß dieses Instrument engerer Kontakte mit den Reformstaaten Mittel- und Osteuropas und der Sowjetunion fortentwickelt und ausgebaut wird.

Gesamteuropäische Rolle des Europarates

Der Europarat, die älteste der europäischen Staatenorganisationen, ist Garant von Demokratie, Rechtsstaatlichkeit und Menschenrechten. Sein Potential, seine Ausstrahlungskraft, seine Erfahrung machen ihn zu einem tragenden Bestandteil der gesamteuropäischen Struktur. Die Zugehörigkeit zum Europarat verleiht das Gütesiegel der Teilhabe an der europäischen Wertegemeinschaft. Den neuen Demokratien ist der Europarat zur verpflichtenden Orientierung geworden. Ungarn ist am 6. November 1990 als erster Reformstaat Mittel- und Osteuropas Mitglied des Europarats geworden. Die ČSFR ist inzwischen gefolgt, Polen wird diesen Schritt vollziehen. Damit ist der Europarat auf dem Wege zu einer wahrhaft gesamteuropäischen Institution. Heute mehr denn je ist er aufgerufen, zur Stärkung und Vertiefung der demokratischen und rechtsstaatlichen Institutionen und Prozesse in den europäischen Reformstaaten beizutragen und dort das Bewußtsein und die praktische Verwirklichung demokratischer europäischer Werte zu fördern. Die Bundesregierung wird auch künftig das ihre zur Stärkung der gesamteuropäischen Rolle des Europarats tun.

Bilaterales Vertragsgeflecht als Element der europäischen Architektur

Wichtiges Element der sich entwickelnden europäischen Architektur ist das Vertragsgeflecht, das sich immer dichter zwischen den Staaten Mittel- und Osteuropas und zwischen diesen und Westeuropa entwickelt. Die Bundesrepublik Deutschland hat mit der Sowjetunion im September 1990 einen umfassenden Vertrag abgeschlossen. Der Vertrag mit Polen über gute Nachbarschaft und freundschaftliche Zusammenarbeit wird am 17. Juni in Bonn unterzeichnet werden, die Verhandlungen über einen Vertrag mit der ČSFR sind angelaufen.

Ein Vertrag mit Ungarn, der eine von bilateralen Problemen unbelastete Zusammenarbeit besiegeln würde, würde sich in dieses Vertragsnetz einfügen, das zusätzlich Stabilität in Europa schafft. Diese Verträge schaffen einen neuen Rahmen für eine Vertiefung der Zusammenarbeit und dienen damit der dauerhaften Sicherung des Friedens in Europa. Sie basieren auf den Grundsätzen der Gleichberechtigung und des Interessenausgleichs. Sie sind Ausdruck unserer Entschlossenheit, die Beziehungen mit den Staaten Mittel- und Osteuropas auf verläßlicher Grundlage umfassend und dauerhaft auszubauen und zu vertiefen und ihnen auf ihrem "Weg nach Europa" ein verläßlicher Partner zu sein.

Weiterentwicklung der KSZE als Teil eines handlungsfähigen Europas

Fester Orientierungs- und Stabilitätsrahmen für den Aufbau einer das ganze Europa umfassenden Friedensordnung ist die KSZE. Mit der Charta von Paris haben sich die 34 Staaten des KSZE-Prozesses im vergangenen November eine gesamteuropäische Rahmenverfassung für das neue europäische Zusammenleben gegeben. Zugleich wurden die ersten Institutionen für Gesamt-Europa geschaffen: der Rat der Außenminister als Steuerungsgremium, das Sekretariat in Prag, das Konfliktverhütungszentrum in Wien und das Büro für freie Wahlen in Warschau. Ministerpräsident Antall hat in Paris zu Recht festgestellt, der Pariser Gipfel habe mit der Formulierung gemeinsamer Prinzipien und Werte für die Teilnehmerstaaten und der Befähigung des KSZE-Prozesses zur Erfüllung neuer Aufgaben durch die Herausbildung entsprechender Institutionen eine historische Mission erfüllt.

Heute spüren wird, daß die Zeit reif ist, das neue Europa im neuen Zeitalter der Demokratie, des Friedens und der Einheit handlungsfähig zu machen. Zugleich erfordert die gemeinsame Verantwortung aller KSZE-Mitgliedstaaten, in der KSZE konkrete Schritte zu kooperativen Sicherheitsstrukturen zu unternehmen. Die Außenministerkonferenz der KSZE am 19. und 20. Juni in Berlin wird sich mit der künftigen europäischen Architektur und der Rolle der KSZE in ihr befassen. Zugleich wird sie für die Schaffung der neuen europäischen Sicherheitsstrukturen von wegweisender Bedeutung sein. Sie wird damit dem KSZE-Prozeß neue Impulse geben. Neue kooperative Strukturen der Sicherheit werden entstehen, in dem auch die Demokratien Mittel- und Osteuropas ihren Platz und ihre Sicherheit finden. Wir wissen, daß der KSZE-Prozeß in die Lage versetzt werden muß, konkrete Probleme und potentielle Krisen zu bewältigen.

Das Konfliktverhütungszentrum der KSZE und der Mechanismus zur Krisenbewältigung müssen ausgebaut werden, um einen wirksamen Schutz gegen die Gefahr von Auseinandersetzungen und Konflikten aufzubauen. Der Blick auf die jüngsten Entwicklungen in Südosteuropa unterstreicht diese Notwendigkeit. Es besteht kein Anlaß, mit zu geringen Erwartungen nach Berlin zu gehen. Die bilateralen Kontakte im Vorfeld der Außenministerkonferenz haben bestätigt, daß ein immer größeres Maß an Übereinstimmung besteht: Wir wollen das *eine* Europa.

Der wirtschaftliche und soziale Wandel in Europa wird das weitere beherrschende Thema des Berliner Ratstreffens sein. Ich bin gewiß, daß alle Teilnehmerstaaten erkennen, daß Europa nach der Überwindung seiner politischen und militärischen Teilung nun nicht durch eine Wohlstandsgrenze erneut geteilt werden darf. Indem die westlichen Industriestaaten die Reformen in Mittel- und Osteuropa und insbesondere den Übergang zur sozialen Marktwirtschaft unterstützen, tragen sie zur Sicherheit und Stabilität in ganze Europa bei. Es geht hier um Investitionen in die Zukunft einer friedlicheren und stabileren Welt. Gleichwohl wissen wir, Unterstützung von außen kann nur Hilfe zur Selbsthilfe sein, kann die notwendige konsequente Umgestaltung in den Reformländern nicht ersetzen.

Aktive europapolitische Rolle der UdSSR

Alle Europäer sollten sich bewußt bleiben, daß Europa nicht ohne oder gar gegen die Sowjetunion gebaut werden kann. Präsident Gorbatschow hat an die Stelle der früheren Politik des Strebens nach Vorherrschaft und der Konfrontation mit dem Westen einen Kurs der Öffnung, der Kooperation und des Dialogs gesetzt. Die Sowjetunion ist aufgerufen, auch bei der künftigen Entwicklung Europas eine aktive und wichtige Rolle zu übernehmen. Sie kann dies um so mehr, je besser es den Reformern gelingt, ihre schwierige und gefährdete Reformpolitik zügig und konsequent fortzuführen. Es liegt in unser aller Interesse, daß die Reformpolitik Präsident Gorbatschows Erfolg hat. Wir treten deshalb auch für seine Teilnahme am Weltwirtschaftsgipfel in London ein. Wenn die Sowjetunion sich demokratisch wandelt, mit einer immer stärkeren föderalen und konföderalen Struktur, so entwickelt sie sich mit einer solchen

Politik auch hin nach Europa. Mit der Stärkung des KSZE-Prozesses tragen wir zur Schaffung eines gesamteuropäischen Rahmens bei, in dem sich solche Entwicklungen in Stabilität vollziehen können.

Minderheitenschutz als Element einer europäischen Friedensordnung

Die reale und potentielle Gefährdung des europäischen Prozesses durch Minderheitenprobleme ist uns allen zutiefst bewußt. Der Schutz der ethnischen, kulturellen, sprachlichen und religiösen Identität der nationalen Minderheiten in Europa und die Schaffung geeigneter Bedingungen für die Förderung dieser Identität sind ein wichtiges Element der Schaffung einer dauerhaften europäischen Friedensordnung. Der KSZE-Prozeß, insbesondere das Kopenhagener Dokument und die Pariser Charta, haben hierfür grundlegende und wertvolle Maßstäbe gesetzt. Das Expertentreffen über nationale Minderheiten im Juli in Genf werden wir nutzen, um die Förderung der Identität der Minderheiten in Europa voranzubringen. Ein in der Vielfalt zu sich findendes Europa wird sich auch zu seiner Geschichte bekennen und den nationalen Minderheiten freie Entfaltungsmöglichkeiten gewähren. Die deutsche Minderheit in Ungarn zeigt beispielhaft, daß die Minderheiten um so besser in der Lage sind, Brücken zwischen Staaten und Völkern zu bauen und Türen des Verständnisses zu öffnen, je mehr Möglichkeiten der Entfaltung ihrer kulturellen und sprachlichen Identität ihnen eröffnet werden.

Neue Funktion von Rüstungskontrolle und Abrüstung

Die konventionelle Rüstungskontrolle kann einen entscheidenden Beitrag zum Ausbau bestehender bzw. zur Schaffung neuer kooperativer Sicherheitsstrukturen in Europa leisten. Mit dem Abschluß und dem hoffentlich baldigen Inkrafttreten des KSE-Vertrages steht das rüstungskontrollpolitische Fundament für die neue gesamteuropäische Sicherheitsordnung.

Mit der Beseitigung der letzten Hindernisse für die Unterzeichnung des KSE-Vertrages ist ein Durchbruch in der Abrüstung erzielt worden. Diese Einigung wird den derzeit stagnierenden KSE-Folgeverhandlungen neue Dynamik verleihen. Bei diesen geht es in erster Linie um die Begrenzung von militärischem Personal. Die Bundesrepublik hat sich in einem wegweisenden Schritt verpflichtet, den Personalumfang der Bundeswehr auf 370.000 Mann zu reduzieren. Sie hat daher ein besonderes Interesse an einem erfolgreichen Abschluß der Folgeverhandlungen bis zum KSZE-Folgetreffen in Helsinki 1992. Die konventionelle Rüstungskontrolle nach diesem KSZE-Folgetreffen wird sich der veränderten sicherheitspolitischen Landschaft in Europa anpassen. In zukünftigen Verhandlungen wird weniger der Umfang von Streitkräften als vielmehr die Erarbeitung von Regeln für den Umgang mit militärischer Macht im Vordergrund stehen.

Eine immer engere Einbindung militärischer Macht wird künftig zusammen mit der Bewältigung akuter Konflikte und Krisen zur zentralen Aufgabe der Rüstungskontrolle in Europa werden. Der Rüstungskontroll- und Abrüstungsprozeß wird zukünftig eine neue Funktion erhalten: den Wandel in Europa abzusichern und beim Aufbau einer neuen Friedensordnung in Europa zu helfen.

Europäische Aufgaben des Deutsch-Ungarischen Forums

Die Gründung des Deutsch-Ungarischen Forums ist ein Stein beim Bau des *einen* Europa, das nicht nur auf diplomatischen Konferenzen, sondern in der Begegnung der Völker seine feste Grundlage gewinnt. Daher haben sich seine Initiatoren zum Ziel gesetzt, die engen und vertrauensvollen politischen Beziehungen zwischen beiden Staaten in die Gesellschaft unserer beiden Länder zu vertiefen. Es soll Anstöße geben und Initiativen ergreifen für die weitere Ausgestaltung und Vertiefung der Beziehungen zwischen Ungarn und Deutschland und damit einen Beitrag zum Zusammenwachsen des ganzen Europa leisten.

Eckpfeiler ungarischer Europapolitik: EG-Mitgliedschaft und gesamteuropäische Zusammenarbeit

Géza Jeszenszky

Ungarns Platz in Europa

Die Gründung des Ungarisch-Deutschen Forums ist zu einer Zeit erfolgt, in der die ungarische Nation bereit ist, sich wieder in jenes Europa einzufügen, dessen Teil sie, frei oder von fremden Mächten unterdrückt, während der vergangenen 1100 Jahre immer war. Es ist jenes Ungarn, das sich in der zweiten Hälfte des 15. Jahrhunderts als ein entwickelter und gedeihender Staat des Kontinents in die Gemeinschaft der europäischen Völker einfügte, welches jedoch infolge der darauffolgenden und einander ablösenden Besetzungen seine Unabhängigkeit verlor. Sein Name tauchte nur von Zeit zu Zeit, anläßlich seiner Freiheitskämpfe am Rande der Hauptströmung der europäischen Entwicklung auf. Der Name Ungarns rückte erst dann wieder in den Vordergrund, als die demokratischen Revolutionen des Jahres 1989 hohe Wellen schlugen. Das ungarische Volk und andere Völker der ost-mitteleuropäischen Region haben der Welt mit elementarer Kraft zur Kenntnis gebracht, daß sie ihren Platz in der Gemeinschaft der freien europäischen Nationen wieder einnehmen wollen. Ungarn bewies und beweist mit Taten, daß es fähig und bereit ist, an der Spitze dieses Prozesses zu gehen. Die Aufgabe ist kompliziert, wir sind uns jedoch darüber im klaren, daß wir der europäischen Sache dann den größten Dienst erweisen, wenn wir die innere politische und wirtschaftliche Umgestaltung erfolgreich durchführen. Parallel dazu müssen wir die die Staaten der engeren Region verbindenden Beziehungen, die heute noch von nicht unbedeutenden Problemen belastet sind, auf neue Grundlagen stellen.

Neue Herausforderungen für die jungen Demokratien

Die jungen osteuropäischen Demokratien treten einer doppelten Herausforderung entgegen, nämlich der Festigung und Stabilisierung der neuen gesellschaftlich-politischen Institutionen der liberalen Demokratie sowie der erneuten Einführung der Marktwirtschaft, die gleichzeitig ein Schutznetz für diejenigen schafft, die unschuldige Opfer der Rückkehr der Region zur wirtschaftlichen Vernunft sind. Die wahre Herausforderung, der wir zur Zeit in Osteuropa entgegensehen, trägt nicht nur politischen und wirtschaftlichen Charakter. Sie bedeutet einen Kampf gegen das psychologische Erbe der kommunistischen und vorkommunistischen

Vergangenheit. Mißtrauen gegenüber den Nachbarn, religiöse Intoleranz und der Zwist zwischen den nationalen Minderheiten können nicht mit Gesetzen und frommen Erklärungen bekämpft werden. Die Menschenrechte können mit Worten allein nicht verteidigt werden. Für die Überwindung der Vergangenheit sind auf Zusammenhalt basierende Taten notwendig.

Unsere Aufgabe ist keine geringere, als die Demokratie wiederherzustellen, eine gut funktionierende soziale Marktwirtschaft in Gang zu setzen sowie mit unseren unmittelbaren Nachbarn neue Formen der politischen, wirtschaftlichen und kulturellen Partnerschaft und Sicherheit aufzubilden. Wir müssen alle Möglichkeiten der gesamteuropäischen, regionalen und bilateralen Zusammenarbeit erschließen und die volle Einfügung in die politische, wirtschaftliche und sicherheitspolitische Ordnung des neuen Europa anstreben. So kann das Programm der ungarischen Regierung kurz und bündig zusammengefaßt werden, an dessen Verwirklichung wir konsequent arbeiten.

Subregionale Zusammenarbeit mit den Nachbarstaaten

Das wichtigste Unterpfand unserer Reintegration in Europa ist die erfolgreiche Verwirklichung der Regierungsaufgaben, die auf innere politische und wirtschaftliche Stabilität zielen. Es ist unentbehrlich, die schwer belastende Erbschaft der brodelnden Subregion möglichst bald zu beseitigen und in Ost-Mitteleuropa neuartige Beziehungen aufzubauen. Ungarn ist an der Aufrechterhaltung des Friedens und der Stabilität in seiner Nachbarschaft interessiert, und es ist um ein freundschaftliches Verhältnis zu jedem bestrebt. Entsprechend dem Geist und Buchstaben der Charta von Paris haben wir mit der Umgestaltung der Beziehungen zu den Staaten der engeren Region begonnen. Entsprechend den veränderten Bedingungen und den gesamteuropäischen Normen sind bereits Verhandlungen über den Abschluß von Verträgen neuen Typs im Gange. In den bilateralen Beziehungen führen wir die bereits bestehenden gesamteuropäischen Abkommen über Vertrauensbildung und gegenseitige Kontakte im militärischen Bereich durch. Auch im Rahmen der subregionalen Formen der Zusammenarbeit versuchen wir unsere spezifischen Probleme zu lösen. Wir hoffen, daß im Ergebnis unserer gemeinsamen Bemühungen die Interessen, Bestrebungen und Aktivitäten aller Nationen in Einklang gebracht werden können.

Europa-Abkommen: Vorstufe für Ungarns EG-Beitritt

Im westlichen Teil Europas sind wir Zeugen einer qualitativ neuen Etappe der europäischen Integration. Die zum entscheidenden Faktor der europäischen Entwicklung werdende *Europäische Gemeinschaft* erscheint für uns als eine Gemeinschaft von Staaten, die immer konsequenter und geschlossener wird. Es gereicht uns zur Freude, daß die EG in der Form von Europa-Abkommen über die assoziierte Mitgliedschaft die erste Antwort auf die Veränderungen in Mittel- und Osteuropa gegeben hat. Die wichtigste Aufgabe dieser Verträge sehen wir darin, daß sie uns helfen, uns auf eine vollständige Integration, sowohl in innerer als auch äußerer Hinsicht, vorzubereiten. Ein anderes herausragendes Element der Assoziierung ist der politische Dialog zwischen beiden Seiten, der auch die Probleme von den sicherheitspolitischen Fragen bis zur Rüstungskontrolle umfassen kann.

Grundlagen ungarischer Europapolitik

Bei der Planung unserer Außenpolitik rechnen wir damit, daß die *NATO* der Eckpfeiler der europäischen Sicherheit und Stabilität bleiben wird. Sie wird sich an die neuen Bedingungen ihrer Tätigkeit anpassen, indem sie ihren früheren Gegnern die freundschaftliche Hand bietet und mit den Staaten Mittel- und Osteuropas die Beziehungen einer neuen Partnerschaft ausbaut.

Die *Westeuropäische Union* zeigt sich ebenfalls zur Herstellung enger politischer Kontakte auf der Ebene der Parlamente und Regierungen bereit. Nach Ungarns Standpunkt könnte eine derartige Zusammenarbeit in Form eines Beitritts zur Tätigkeit der Organisation annehmen.

Als erster ehemaliger kommunistischer Staat, der die Aufnahme in den *Europarat* erreicht hat, können wir bereits aus Erfahrung sagen, daß wir einen neuen Spielraum erlangt haben. Diese Mitgliedschaft verleiht den neu entstehenden Demokratien ein besonderes Ansehen; sie signalisiert ihnen, daß sie von Europa gebraucht werden, und andererseits werden sie dazu inspiriert, den Prozeß der politischen und wirtschaftlichen Umgestaltung ihrer Länder auf der Grundlage der vollen Achtung der Menschenrechte entschlossen zu Ende zu führen.

Der *KSZE-Prozeß* wird auch künftig als wichtiger Rahmen für die europäische Zusammenarbeit dienen. Durch die Rechenschaftspflicht über die Durchführung der KSZE-Empfehlungen sowie durch die Stärkung der Verpflichtungen für die Förderung der Werte der Freiheit und der pluralistischen Demokratie bleibt er auch ferner *das* Mittel für die demokratische Entwicklung. Die ungarische Regierung ist zuversichtlich, daß die Schaffung eines demokratischen, stabilen Europa, die in der Pariser Charta zum Ziel gesetzt wurde, im Ergebnis der gemeinsamen Arbeit in greifbare Nähe rücken wird.

Deutsch-ungarische Beziehungen im Europa der Integration

Die Rolle des Bilateralismus wird auch in dem sich integrierenden Europa nicht geringer. Die einzelnen Staaten sind durch zahlreiche Fäden miteinander verbunden, doch bleibt auch ein entscheidender Teil der Probleme grundsätzlich Produkt und Ergebnis der bilateralen Verhältnisse. Wir dürfen auch nicht vergessen, daß die multilaterale Zusammenarbeit und umfassende Integration solange nur ein bloßer Wunschtraum bleiben wird, wie die Dynamik der bilateralen Beziehungen zurückhaltend ist, und ihre Entwicklung durch eine Reihe ungelöster Probleme gebremst wird. Dies ist selbst dann wahr, wenn die Erfahrungen beweisen, daß sich die multilateralen Foren, Verhandlungsrahmen und Dokumente auf die bilateralen Kontakte, und innerhalb von diesen auf den Wortlaut der zweiseitigen Verträge, die die Grundlage des zwischenstaatlichen Kontaktsystemes bilden, wohltuend auswirken. In Europa kann bisher leider nur über einen relativ engeren Kreis das gesagt werden, was wir über die deutsch-ungarischen Beziehungen bereits feststellen können: nämlich, daß sie problemlos sind. Stichwortartig sollen einige wichtige Züge dieser bilateralen Beziehungen erwähnt werden:

- Nach dem gemeinsamen Abbau der Berliner Mauer, nach dem Systemwechsel in Ungarn und nach der Schaffung der deutschen Einheit wurde auf der Grundlage der Annahme von gemeinsamen Werten ein neues Kapitel in der bilateralen Zusammenarbeit aufgeschlagen.
- Die Unterstützung und Solidarität seitens der Bundesregierung, die wir im Interesse der erfolgreichen Verwirklichung unserer innenpolitischen und internationalen Ziele stets erfahren, schätzen wir hoch ein und halten sie für unersetzlich.
- Die Dynamik und das hohe Niveau des politischen Dialogs bieten uns fortdauernd die Möglichkeit, zeitgemäße und wirksame Elemente der Zusammenarbeit zu erschließen und die möglichen Modalitäten ihrer Verwirklichung auszuarbeiten.
- Die Zusammenarbeit mit den deutschen Bundesländern, einschließlich der fünf neuen östlichen Länder, erweitert sich kontinuierlich. Bei letzteren haben wir die Absicht, jedes Element aufzuheben und zu erneuern, das sich in der Zusammenarbeit während der letzten Jahrzehnte als nützlich und gegenseitig vorteilhaft erwiesen hat. Dabei wollen wir die Beziehungen in den Bereichen der Wirtschaft, der Kultur und des Unterrichtswesens besonders hervorheben.
- Die Bedeutung der bilateralen Wirtschaftsbeziehungen bleibt unverändert, ihre Entwicklung ist für die Milderung unserer inneren wirtschaftlichen Probleme unentbehrlich. Es spricht für sich, daß ein Viertel unseres Außenhandelsvolumens im Handel mit der Bundesrepublik realisiert wird.

– Entsprechend den gegenseitigen Interessen gewinnt die Zusammenarbeit auf dem Gebiet der Wissenschaft, der Kultur, der örtlichen Selbstverwaltungen und der nationalen Minderheiten immer mehr an Bedeutung.

Es ist unsere Überzeugung, daß das Verhältnis zwischen unseren Ländern und Völkern und die konkreten Formen der praktischen Zusammenarbeit für andere Staaten als Vorbild dienen können und im ganzen den Anforderungen entsprechen, die von einem seine natürlichen Grenzen wiedererhaltenden, sich politisch und wirtschaftlich integrierenden Europa gestellt werden. Wir sind zuversichtlich, daß die Bundesrepublik Deutschland neben der Verwirklichung der Einheit Europas, ihren vielseitigen Aktivitäten in Ost-Mittel-Europa und ihren inneren Aufgaben, die viele Anstrengungen erfordern, die Kraft für die kontinuierliche Pflege und Weiterentwicklung der deutsch-ungarischen Beziehungen besitzen wird.

Während die Vorantreibung der Zusammenarbeit zwischen den Regierungen infolge der komplizierten internationalen oder inneren Entwicklung beschleunigt oder verlangsamt wird, ist es nicht notwendig, daß die Entwicklung der Beziehungen zwischen den Völkern selbst diesen Schwankungen unterliegt.

Das "schlechte Erbe" des Nationalismus überwinden

Die Gründung des Deutsch-Ungarischen Forums findet zu einer Zeit statt, in der die Integration in Westeuropa unaufhaltbar vorangeht und die europäische Identität trotz aller Widersprüche und Geburtswehen im Begriff ist, neu zu entstehen. Zur gleichen Zeit aber erlebt der Gedanke des Nationalstaates wegen des angehäuften "schlechten Erbes", wegen der ungelösten und vernachlässigten Probleme des zwanzigsten Jahrhunderts eine Renaissance, obwohl er die Gefahren einer anachronistischen Isolation neuer Art in sich birgt. Eine der wichtigsten Aufgaben des Deutsch-Ungarischen Forum ist darin zu sehen, daß es jene Erfahrungen in unsere Region vermittelt, die die Integration erleichtern und das ungarische Volk sowie, nach unseren Hoffnungen, auch die Nachbarvölker auf ein modernes Europäertum vorbereiten. Das Forum wird die Aufmerksamkeit ermutigend, aber gleichzeitig auch realistisch auf die Verpflichtungen lenken, die mit der zukünftigen EG-Mitgliedschaft verbunden sind. Wir sind zuversichtlich, daß die sich entfaltende, integrationsfördernde Zusammenarbeit neuen Typs mit dem als "Motor der EG" geltenden Deutschland gleichzeitig auch neues Vertrauen schaffen wird: sie wird imstande sein, die Zweifler zu Hause und im Ausland an sich zu ziehen, für die Integration und die deutsch-ungarischen Beziehungen neue Anhänger zu werben.

Nationale und europäische Identität im Widerstreit?

Heinrich Schneider

Wenn in einer ungarisch-deutschen Konferenz die beiden nationalen Spitzengremien der Europäischen Bewegung den Widerstreit zwischen nationaler und europäischer Identität auf die Tagesordnung setzen, dann löst das aufs erste wohl eher Verwunderung aus – auch wenn dieses Thema mit einem Fragezeichen versehen wird: kann diese Frage anders als nur rhetorisch gemeint sein? War es nicht von Anfang an ein Grundaxiom der Europäischen Bewegung, daß nationales und übernationales Interesse einander gerade nicht widerstreiten, sondern sich, ganz umgekehrt, gegenseitig bedingen?

War es nicht für überzeugte Anhänger der Einigung Europas seit jeher eine ausgemachte Sache, daß man heutzutage entschlossen für die Schaffung einer höheren Einheit unserer Staaten und Völker eintreten muß, gerade um eine gedeihliche Zukunft für das eigene Vaterland zu erstreben? War es umgekehrt nicht ebenfalls klar, daß man gerade zum Wohle der europäischen Gemeinschaft die Wurzeln und Werte der nationalen Herkunft nicht vernachlässigen oder gar leugnen darf, daß man sie in das größere Ganze einbringen muß, um dieses Ganze lebenswert und menschenwürdig zu machen? Verdient das Thema also wirklich unsere Aufmerksamkeit?

Indessen muß es, so überlegte ich, doch diskussionswürdige Probleme im Umfeld unserer Frage geben; die Veranstalter werden sich dabei wohl etwas gedacht haben... In der Tat: es gibt solche Probleme, und sie sind geeignet, Europäern Sorgen zu machen.

Zum Beispiel: Hat die nationale Identität, wie wir sie unserer Tradition verdanken, im Zeichen der Herausbildung der sogenannten "multikulturellen Gesellschaft" überhaupt noch eine Zukunft? Wird Europa, da es so eine offenkundige Anziehungskraft auf Menschen aus den Nachbarregionen ausübt, infolge mannigfacher schon sichtbarer oder noch bevorstehender Krisen, etwa im Süden, im Osten, im Südosten, aber vielleicht auch ganz anderswo, nicht Ströme von Flüchtlingen und Zuwanderern aufzunehmen haben? Wird es dann nicht zu einem Schmelztiegel ganz neuer Art werden – mit der Folge, daß zuerst eine "multikulturelle", dann aber womöglich eine "unikulturelle" Gesellschaft entsteht, deren Gepräge kaum mehr etwas mit den Formen und Inhalten nationaler wie europäischer Überlieferung zu tun haben wird? Ist eine solche Vision ein Anlaß zu resignieren oder sich dagegen zu wehren? Wie kann man solchen Tendenzen im Zusammenhang der heutigen und der künftigen Integrationspolitik begegnen?

Oder, um ein anderes Beispiel anzusprechen: Wird die Daseinswirklichkeit der Menschen und Gruppen, der Volkstümer und der Nationen, nicht gerade durch die europäische Integration ihrer kulturellen Sinngehalte und Formbestände tendenziell dadurch beraubt, daß alle gesellschaftlichen Konfigurationen einer gleichsam supra-kulturellen Sachlogik unterworfen werden? Die Anpassung der europäischen Gesellschaft an die Erfordernisse der Gegenwart und der Zukunft geschieht dadurch, daß man sie den Kräften der Marktintegration aussetzt und allenfalls zusätzlich flankierende und kompensierende Steuerungsimpulse gibt (etwa durch die Verwirklichung des Binnenmarktes und die ergänzenden und begleitenden "Gemeinschaftspolitiken"). Stellt dies nicht geradezu ein Musterbeispiel für jenen Vorgang dar, den Jürgen Habermas vor zehn Jahren in seiner "Theorie des kommunikativen Handelns" als die "Kolonisierung der Lebenswelt" durch ökonomische und politische Systemsteuerung beschrieben hat – als die Übermächtigung der Humanität durch sachrationale, effizienzorientierte Mechanismen[1]? Dies wäre ein Prozeß, der politische wie kulturelle Identitäten und Sinnvorgaben mit seiner fortschreitenden Durchsetzung obsolet werden ließe, seien sie nun inhaltlich national oder anderswie bestimmt.

Identität – was ist das?

Vorerst mag es angebracht sein abzuklären, was denn die Begriffe meinen, mit denen man sich dabei befaßt. Was kann und soll überhaupt unter "nationaler" und "europäischer" Identität verstanden werden?

Politiker machen sich den Umgang damit eher leicht. "Denn eben wo Begriffe fehlen, da stellt ein Wort zur rechten Zeit sich ein" (sagt in Goethes Faust übrigens Mephistopheles). Das Wort "Identität" hat sich den EG-Außenministern beispielsweise am 14. Dezember 1973 in Kopenhagen eingestellt, als sie unter der Überschrift "Dokument über die europäische Identität"[2] Erklärungen über alle möglichen Errungenschaften und Vorhaben der damaligen Neunergemeinschaft vorlegten, ohne daß es auch nur den Versuch einer Erläuterung gab, was denn mit der "Europäischen Identität" gemeint war:

1 Siehe Jürgen Habermas, Theorie des kommunikativen Handelns, I/II, Frankfurt/M. 1981.

2 "Dokument über die europäische Identität", angenommen von den Außenministern der Mitgliedstaaten der EG am 14.12.1973, in: Europa-Archiv 2 (1974), S. D 50 ff.

– Ein bereits erreichter Zustand der Solidarität?
– Eine politische Zielvorgabe? Und wenn so – welche?
– Eine ideelle Basis für eine gemeinsame politische Handlungsfähigkeit?
– Oder gar ein Äquivalent für die "nationale" Identität auf der Ebene eines künftigen supranationalen Bundesstaates?
– Oder doch nur ein "gutes Wort", wie Georg Büchner sagen würde[3], eine Vokabel, die positive Anmutungen auslöst, was immer sich dahinter verbirgt?

Wissenschaftler machen sich die Sache schwerer. Wenn sie sich bei einem Symposion über Begriff und Problem der Identität vernehmen lassen, dann beklagen sie "den hohen Grad an Dunkelheit und Problemverwirrung"[4]; oder sie meinen, das "Thema Identität hat Identitätsschwierigkeiten", das Identitätsproblem entwickle sich "zur Problemwolke mit Nebelwirkung; Identitätsdiskussionen werden mit erhöhtem Kollisionsrisiko zum Blindflug..."[5]. Eben dies legt es nahe, auf den Versuch einer Vorabklärung des Begriffs nicht zu verzichten.

Wenn es um die Identität einer Gemeinschaft geht, dann stellen sich die Fragen: "Wer sind wir? Woher kommen wir? Wo gehen wir hin? Was erwarten wir? Was erwartet uns?"[6]

Ihnen geht aber im Grunde stets eine andere Frage voraus, auch wenn sie meist schon vorweg beantwortet sein mag: Die Frage nämlich, welchen Grund "wir" überhaupt haben, in der ersten Person Plural zu sprechen. Wann und warum gibt es eben dieses "wir", vermöge dessen Menschen meinen können, sie müßten ein gemeinsames Schicksal tragen, sich gemeinsamen Aufgaben und gemeinsamen Verantwortungen stellen?

Die gängigen Antworten verweisen auf einige wichtige Elemente und Faktoren kollektiver Identität – just jene, die mit den eben gestellten Fragen angesprochen werden[7]:

– Wir haben eine gemeinsame Geschichte, die uns zu dem werden ließ, was wir sind. Sie verbindet uns miteinander.
– Wir haben ein gemeinsames Bild von der Situation, in der wir uns befinden; wir sind imstande, uns über die Merkmale der Gegenwart zu

3 Georg Büchner, Woyzeck, 1. Szene.
4 Dieter Henrich, "Identität" – Begriffe, Probleme, Grenzen, in: Odo Marquard und Karlheinz Stierle (Hrsg.), Identität, München 1979, S. 133 f., hier S. 134.
5 Odo Marquard, Identität in Schwundtelos und Mini-Essenz – Bemerkungen zur Genealogie einer aktuellen Diskussion, in: ebenda, S. 347.
6 Ernst Blochs opus magnum "Prinzip Hoffnung" beginnt mit diesen Fragen.
7 Siehe z.B. Werner Weidenfeld, Europa – aber wo liegt es?, in: Ders. (Hrsg.), Die Identität Europas, Bonn 1985, S. 13 ff., hier S. 16 f. (ähnlich auch schon im Vorwort, ebenda, S. 10 f.).

verständigen, über das, was uns hier und heute in Anspruch nimmt und wichtig ist. Auch das schafft Gemeinsamkeit.
– Wir erkennen übereinstimmend bestimmte Tendenzen, die ins Kommende weisen, und Aufgaben, Nöte und Chancen, die zur Gestaltung der Zukunft auffordern.

Dies heißt: das Bewußtsein gemeinsamer Vergangenheit, Gegenwart und Zukunft stiftet Identität als Verbundenheit im Geiste. Aber bei alledem ist gemeinsame Identität – gerade in modernen Zeiten – nie fraglos und spannungsfrei gegeben. Sie muß immer wieder neu gewonnen und bestimmt werden. Engere Gemeinschaften bestehen aus Menschen; jedes Mitglied bringt seine spezifische Sicht, seine Erfahrungen, sein Situationsbild, seine Hoffnungen und Befürchtungen in das gemeinsame Selbstverständnis ein. In größeren Gemeinschaften sind es Gruppen verschiedener Art, die miteinander (und auch gegeneinander) die gemeinsame Identität immer wieder neu hervorbringen und bewußt machen, in einem stets riskanten und nie ein für allemal bewältigten Prozeß. Regionale und klassenbezogene, stammes- und konfessionsbedingte und viele andere Eigenarten und Eigenwerte spielen dabei mit, werden in die Auseinandersetzung eingebracht.

Dabei hat, vor allem wo Politik im Spiel ist, das Betroffensein von Aufgaben und Nötigungen eine leitende und maßgebende Funktion, und in diesem Kontext gibt es eine Rangordnung der Kräfte und Dringlichkeiten:

– Ähnlich wie bei der Herausbildung von Gruppenidentitäten ist am wirksamsten die Wahrnehmung – oder die Einbildung – eines gemeinsamen Feindes.
– Dann erst, mit Abstand, führt das Gewahrwerden gemeinsamer Not zur Solidarisierung und zur Identitätsbildung.
– Erst an dritter Stelle, deutlich schwächer, kommt die verbindende Kraft gemeinsamer Interessen und Vorteile zur Geltung.
– Und erst ganz am Ende der Skala tritt, gemäß dem bekannten Sherif-Theorem, die solidarisierende Wirkung des Annehmlichen und Schönen auf.

Allerdings: gleichsam hinter diesen Faktoren steht die gemeinsame Sinnwelt, der Mikrokosmos von Ideen und Überzeugungen, der übrigens auch den Nötigungen und den Interessen erst Profil und Legitimität verleiht, und der wie manche Sozialtheoretiker unseres Jahrhunderts, namentlich Talcott Parsons, meinen, in letzter Instanz Identität stiftet und sichert[8].

Europa – eine Supernation?

Solche Vorklärungen sind kaum unvermeidbar, wenn man die Frage nach politischen Identitäten nicht von vornherein an ein bestimmtes Muster bindet, zum Beispiel an das des souveränen Nationalstaates. Man verfiele dann womöglich einem theoretischen Kurzschluß, so naheliegend es auch ist, Problematisches an Hand des Geläufigen zu verstehen. Tut man dies, dann kann man sich in der Folge eine politische Identität Europas nur noch als die einer "europäischen Nation" vorstellen, die an die Stelle der bisherigen Nationen treten müßte (was dann konsequent deren Entwertung bedeuten würde).

Das ist übrigens schon öfters so konstruiert worden; es gibt etliche Bücher mit dem Titel "Nation Europa". Eines von ihnen hat Richard Coudenhove-Kalergi im Jahre 1953 veröffentlicht; ein anderes Otto Molden 1990. Carl Joachim Friedrich hat immerhin 1972 ein Buch über "Europa – Nation im Werden" publiziert, freilich mit einem Fragezeichen am Titelende.

Aber, wie gesagt, es gibt da die Gefahr des theoretischen Kurzschlusses, und das wahre Problem ist wohl eher, wie man diese Gefahr vermeidet: Muß man die politische Identität Europas, auch in der Perspektive der Einigung, nicht anders denken, als es das Modell des Nationalstaates nahelegt? Und muß man nicht andererseits auch die nationale Identität auf neue Weise zu begreifen suchen?

In der Nachkriegszeit schien das vielen selbstverständlich. Als 1946 der erste Jahrgang der "Frankfurter Hefte" erschien, schrieb der Herausgeber Walter Dirks lapidar:

> "Wir proklamieren das Ende des souveränen Nationalstaates... Die europäischen Nationen sind zu klein geworden. Sie werden nicht mehr fertig mit der Krise, sie kommen nicht mehr durch, wenn sie daran festhalten, auf eigene Rechnung zu arbeiten..."

Dirks war kein Einzelgänger. Schon in der Zwischenkriegszeit war die Idee, die europäischen Einzelstaaten müßten im Interesse des Überlebens und zugunsten eines übergreifenden Gemeinwohls auf ihre Souveränität

8 Siehe z.B. Talcott Parsons, Order and Community in the International Social System, in: Ders., Politics and Social Structure, New York, London 1969, S. 292 ff. Zur Bedeutung der Perspektive vgl. z.B. Richard Münch, Theorie des Handelns, Frankfurt/M. 1982.

verzichten, ein Anliegen vieler bedeutender Geister – nicht nur der deklarierten "Pan-Europäer" im Gefolge Coudenhove-Kalergis, sondern auch vieler anderer innovativer Denker, von José Ortega y Gasset bis zu Alfred Weber[9]. Der frühverstorbene Historiker Walter Lipgens hat dargestellt, wie umfassend solche Ideen – über die Grenzen hinweg, und quer durch die politischen Richtungen – in den Widerstandsbewegungen der besetzten Länder und in den Exilgruppen verbreitet waren[10]. Man war, geradezu im Sinne einer Geschichtsphilosophie, vom "Ende der Neuzeit" überzeugt: So wie die Epoche der selbständigen hellenischen Polis zu Ende ging, als die Territorialreiche die Szene der Mittelmeerwelt zu dominieren begannen (das Persische, das Makedonische, das Römische); und so wie die Zeit der selbständigen Stadtrepubliken in Italien oder in Flandern ablief, als die westeuropäischen Territorialstaaten sich entfalteten, so – meinte man – habe nun wieder eine geschichtliche Epoche ihre Mission erfüllt. Es gelte, eine neue politische Identität zu erringen, die die bisherigen Nationalstaaten übergreift.

Aber es kam anders. Der Wiederaufbau Westeuropas brachte, mit amerikanischer Hilfe, doch wieder die Erneuerung des Staatensystems. In Osteuropa errichteten die Kommunisten, mit der Rückendeckung durch die sowjetischen Truppen, volksdemokratische Regime. Und doch hatte man die zukunftsweisenden Ideen nicht überall vergessen. Als im neugegründeten, auf westliche Mitgliedstaaten beschränkten Straßburger Europarat erstmals die gemeinsame Selbstbesinnung über die Erfordernisse der Stunde in Gang kam, stellte man einander recht gegensätzliche Leitbilder gegenüber:

– solche der übernationalen, bundesstaatlichen Einigung
– und solche der zwischenstaatlichen Zusammenarbeit unter Wahrung der nationalen Souveränität.

Den entscheidenden Schritt voran brachte der Einfall, diesen Gegensatz in einer neuen Konstruktion begrenzter, zweckgebundener Supranationalität aufzuheben – und so entwickelte sich, was man nun die "Integration" und die "Gemeinschaftsmethode" nannte, im Zeichen dieser Konzeption[11]. Zunächst war das Werk auf sechs Kernstaaten und einige zentrale Funktionsbereiche begrenzt. Aber dann kam es zur Erweiterung auf die jetzigen zwölf Mitgliedstaaten und auf den Gesamtzusammenhang der Volkswirtschaften sowie zur schrittweisen Ausdehnung und Vertiefung

9 Vgl. Heinrich Schneider, Leitbilder der Europapolitik – Der Weg zur Integration, Bonn 1977.
10 Walter Lipgens, Europa-Föderationspläne der Widerstandsbewegungen 1940–1945. Eine Dokumentation, München 1968.
11 Vgl. Heinrich Schneider, Rückblick für die Zukunft, Bonn 1986.

des gemeinsamen Aufgabenfeldes, bis hin zur Außen- und Sicherheitspolitik.

Es gab Erfolge, und es gab auch Perioden der Stagnation, ja der Krise. Die letzte solche Periode währte lange, man sprach von der "Eurosklerose", und erst um die Mitte der achtziger Jahre wurde sie durch eine neue Dynamik abgelöst, zu der Kommissionspräsident Jacques Delors mit dem Projekt der "Vollendung des Binnenmarktes" die Initialzündung gegeben hatte.

Die Frage nach dem Verhältnis von nationaler und europäischer Identität – und nach den formalen und inhaltlichen Bestimmungen beider Arten von Identitäten – hat man dabei oft gar nicht gestellt (Ausnahmen, wie so manche Zungenschläge von Mrs. Thatcher, bestätigen die Regel). Diskussionen darüber galten vielen als bloß akademisch; pragmatische Strategien beherrschten die Szene, und wer darüber hinaus spekulieren wollte, konnte sich an der alten Grundthese der Einigungsverfechter orientieren, von der hier eingangs die Rede war.

Politische Identität als europäisches Erfordernis

Nun aber ist das anders. Die Frage nach dem Sinngehalt und nach dem Verhältnis der politischen Identitäten kann nicht mehr beiseitegeschoben werden. Dies hat mehrere Gründe.

Erstens: Das Thema der europäischen Identität wird brisant, weil sich seit den Umbrüchen in Mittel- und Osteuropa die Frage stellt, inwieweit sich das "Europa der Zwölf" mit "Europa" schlechthin gleichsetzen kann – was es in einer ganzen Reihe offizieller Verlautbarungen getan hat –, und auf welche Weise es seine eigene Finalität auf eine europäische Identität beziehen kann und will. Bilden die Zwölf das ganze Europa? Natürlich nicht. Repräsentieren sie es? Dem Anspruch nach: ja. Aber unter welchen Bedingungen ist dieser Anspruch gerechtfertigt, und wie verhält sich hier das Normative zum Faktischen, die Macht zur Verantwortung? Die Schlagwörter "Gravitationszentrum" und "Stabilitätsanker" sind jedenfalls keine zulänglichen Antworten auf diese Fragen.

Aber wie weit reicht Europa virtuell und tatsächlich? Der Generalsekretär der Westeuropäischen (wohlgemerkt: der Westeuropäischen) Union, Willem van Eekelen, hat gemeint, Gesamteuropa reiche "von Wladiwostok bis San Francisco", nicht etwa nur "vom Atlantik bis zum Ural"[12].

12 Und ein so namhafter französischer Diplomat wie Botschafter a. D. Henri Froment Meurice hat dieselbe Meinung vertreten; siehe: "Europa im Aufbruch – Auf dem Wege zu einer neuen Friedensordnung", Protokoll des 91. Bergedorfer Gesprächskreises (7.–8. Oktober 1990 in Moskau), 1991, S. 29 f. und S. 34.

Übrigens sind das nicht etwa Ideen, die erst im Zeitalter der KSZE aufgekommen wären. Kein Geringerer als Leopold von Ranke betont in seinem Erstlingswerk, daß Amerika sozusagen zu Europa gehört: "... es findet jenseits" – gemeint ist: jenseits des Atlantischen Ozeans – "... lediglich eine Entwicklung diesseitiger Geschlechter und diesseitigen Lebens statt; in der Tat gehen uns New York und Lima näher an als Kiew und Smolensk..."[13] – wobei man nicht verkennen darf, daß Rußland für Ranke selbstverständlich zum europäischen Staatensystem gehört. Auch Ranke steht übrigens mit seiner Sicht nicht allein. Ein anderer Zeuge aus jener Zeit, Karl Heinrich Poelitz, definiert das europäische Staatensystem als "die Verbindung und Wechselwirkung aller einander in Zivilisation und Selbständigkeit ähnlichen oder doch verbündeten europäischen Staaten und Reiche mit Einschluß der aus den Kolonien der Europäer in Amerika hervorgegangenen selbständigen Staaten..."[14].

Freilich: zwar kann man die Interdependenz der Interessen und die Gemeinsamkeit politischer Glaubensbekenntnisse und Zielproklamationen in diesem "gesamteuropäischen", in Wahrheit europäisch-atlantischen Beziehungsfeld wahrhaftig nicht leugnen – seit der Verabschiedung der "Charta von Paris für ein neues Europa" im November 1990 weniger denn je. Aber von einer "politischen Identität" wird man in diesem Rahmen und in einem prägnanten Sinn kaum reden können. Aber eben deshalb wird die Frage nach der wirklichen Reichweite der künftigen politischen Identität Europas dringlich werden. Die Antwort darauf wird sich wohl nur in Verbindung mit der Zukunft der Integration geben lassen, und diese liegt nach wie vor in erster Linie in den Händen der Gemeinschaft, ihrer Organe und ihrer Mitgliedstaaten.

Die EG selbst aber, und dies ist der zweite Grund für die Dringlichkeit unseres Themas, steht ihrerseits vor der Frage, was sie mit sich anfangen will. Die beiden Regierungskonferenzen – die eine über die Wirtschafts- und Währungsunion, und die andere über die Politische Union – sollen die Entscheidung darüber ermöglichen und in Gang bringen. Manche meinen, die Logik der Wirtschafts- und Währungsunion wie die der Politischen Union führe zur "Staatswerdung", sie erzwinge geradezu die Herausbildung eines bundesstaatlichen Systems[15]. Ob sich diese Logik gegen das Widerstreben wichtiger Kräfte in näherer Zukunft durchsetzen

13 Leopold von Ranke, Geschichte der germanischen und romanischen Völker, 1824, S. XXXIX, zit. nach Heinz Gollwitzer, Europabild und Europagedanke, München 1951, S. 279.

14 Karl Heinrich Poelitz, Die Staatswissenschaften im Lichte unserer Zeit, 1824, zit. nach Gollwitzer, ebenda, S. 443.

15 Vgl. z.B. Rudolf Wildenmann (Hrsg.), Staatswerdung Europas?, Baden-Baden 1991.

und eine Verfassungsreform der Gemeinschaft maßgeblich prägen wird, das ist keineswegs klar, und in jüngster Zeit spricht vieles eher dagegen, auch wenn "Europäische Föderalisten" das ungern hören.

Trotzdem: Das, was die Gemeinschaft sich zu ihrer eigenen Weiterentwicklung vorgenommen hat, bedeutet
– ein Mehr an Verflechtung,
– ein Mehr an gemeinsamen Aufgaben und an Nötigungen, mit ihnen fertig zu werden,
– also ein Mehr an notwendiger gemeinsamer Handlungsfähigkeit,
– und damit auch ein Mehr an Macht.

Dies ist indessen nicht die Folge willkürlichen Machtstrebens von "Eurokraten", und es ist überhaupt nicht ein Vorhaben, das man sich vornehmen oder auch bleiben lassen könnte; es gehört, ebenso wie das Binnenmarktprojekt, zu einem umfassenden Programm, das seinerzeit Kommissionspräsident Jacques Delors zur Überwindung der vielberufenen "Eurosklerose" entworfen hatte.

Konsequenzen aus der Integration – Perspektiven für die Föderation

Die Entwicklung der EG-Integration war bis weit in die achtziger Jahre hinein von einer eigentümlichen Tendenz bestimmt:

– Einerseits hat die Interdependenz der Politikbereiche mit sich gebracht, daß es kaum mehr ein Problemfeld gibt, das nicht auch im Gemeinschaftsrahmen behandelt würde.
– Andererseits haben die Mitgliedstaaten ihre Zuständigkeit natürlich nicht einfach und ohne weiteres aus der Hand gegeben.
– Gemeinschaftliche, mitgliedstaatliche und "gemischte" Politikprozesse amalgamieren sich; es bilden sich komplexe Vermittlungsprozeduren und Grauzonen der Verantwortung heraus. Daß die Staaten noch "können, wie sie möchten", daß sie etwa gar über die "Kompetenzkompetenz" verfügen, also die Dinge in der Hand haben, ist allenfalls noch eine trügerische Fiktion. Aber auch von einer klaren Regierungsverantwortlichkeit auf supranationaler Ebene kann nicht die Rede sein; man spricht von einer "Politikverflechtungsfalle"[16].
– Eben diese eurosklerotische Verfilzung aufzureißen, ist eines der Ziele der Verfassungsreform der Gemeinschaft, die in den beiden Regierungskonferenzen vorbereitet wird. Übrigens wäre die Überwindung

16 Siehe Fritz W. Scharpf, Die Politikverflechtungsfalle – Europäische Integration und deutscher Föderalismus im Vergleich, in: Politische Vierteljahresschrift (1985), S. 323–357.

der lähmenden Folgen dieser Verfilzung bei einer Erweiterung der EG um neue Mitgliedstaaten noch nötiger und dringlicher.

Je eher und je effektiver es im Rahmen der Reform gelingt, Verantwortungen freizulegen und Entscheidungskraft zu stärken, desto dringlicher stellt sich freilich die Frage nach deren Legitimation. Dies ist deshalb der Fall, weil die Gemeinschaftsentscheidungen in Zukunft weniger als bisher mit dem Rechenstift vor- und nachvollzogen werden können: je mehr Relevanz die Gesellschaftspolitik und die Außenpolitik erhält, desto mehr muß die politische Willensbildung bloße Nutzenkalkulationen überbieten. Es entsteht ein wachsender Bedarf an Legitimität.

Mit dieser aber ist die Frage nach der politischen Identität der angestrebten "Europäischen Union" eng verknüpft.

Max Weber, der große Soziologe des frühen 20. Jahrhunderts, unterschied Herrschaft kraft Interessenkonstellation und Herrschaft kraft Legitimität. Bloß faktische Hinnahme, "Akzeptanz", irgendwelcher Verteilungsentscheidungen auf Gemeinschaftsebene ist auch aufgrund von bloßen Nützlichkeitsannahmen, also von positiven Einschätzungen der Interessenkonstellation, möglich. Legitimität politischer Herrschaft aber muß sich auf die Identität eines politischen Gemeinwesens beziehen lassen.

Mit anderen Worten: Die Europäische Gemeinschaft ist, wenn noch nicht im Rahmen der jetzt bevorstehenden Verfassungsreform, dann eben das nächste Mal, genötigt, "politische Identität" in einem über den Status quo essentiell hinausgehenden Grad zu entwickeln. Ob sie geradewegs "Staatsqualität" im herkömmlichen Sinne annehmen muß, kann man nach wie vor bezweifeln – vor allem, wenn Staatsqualität in den Kategorien des neuzeitlichen Konzepts souveräner Staatlichkeit begriffen wird.

Aber es wird dann wahrscheinlich nicht mehr möglich sein, Gemeinschaftspolitik in jenem eigentümlichen – für manche Intentionen und Vorgänge freilich ganz nützlichen – Zwielicht weiterzubetreiben, in dem man nicht recht erkennen kann,

- ob die Gemeinschaft schlichtweg ein Instrument der Mitgliedstaaten zum koordinierten Krisenmanagement im Dienste der Aufrechterhaltung ihrer Souveränität ist, so daß ihre eigene politische Identität allenfalls den Charakter einer gänzlich abhängigen Größe hat,
- oder ob diese politische Identität die Chance der Selbstartikulation hat, die Chance sich fortzubilden, "Autopoiesis" ins Werk zu setzen (wie das im modernen sozialwissenschaftlichen Jargon heißt); dies freilich in dialektischer Verknüpfung mit den nationalen Kräften, ebenso wie mit den transnationalen und den regionalen, aber eben

doch im Zeichen eines eigenen Aufgabenbewußtseins und einer eigenen demokratisch legitimierten Verantwortung.

Dies alles sind Problemstellungen und Entwicklungsperspektiven, die sich erst einem Beobachter erschließen, der das Geschehen intensiv und engagiert sozusagen sowohl von außen wie von innen betrachtet. Außenstehenden sind sie nicht immer in ihrer Prägnanz und mit ihrer Tiefendimension gegenwärtig. Vielleicht hat man es in jenen Ländern noch schwerer, sich damit anzufreunden, die erst vor kurzem ihre nationale Selbständigkeit wiedergewonnen haben und darauf mit vollem Recht stolz sind. Im übrigen war ja wohl gerade im kommunistisch dominierten Teil Europas während langer Jahre "Supranationalität" entweder ein obszönes Wort oder eine verschleiernde Umschreibung für hegemoniale Dominanz.

Aber wenn es überhaupt schlüssige Einsichten gibt, die man aus den mittlerweile mehr als vierzig Jahren westeuropäischer Einigungspolitik ableiten kann, dann sind es die folgenden:

– Erstens: Eine wirkliche, dauerhafte und den Erwartungen gerecht werdende Gemeinschaft europäischer Völker und Staaten ist nicht ohne "Integration" zustandezubringen, in dem spezifischen Sinn dieses Begriffs, der sich in Westeuropa herausgebildet hat.
– Zweitens: Integration in diesem Sinn kann nicht ohne die Herausbildung einer politischen Identität auf staatenübergreifender Ebene stabilisiert und demokratisch verantwortet werden.
– Und schließlich drittens: Dies bedeutet nicht den Verzicht auf nationale Identitäten, oder gar ihre erzwungene Auslöschung, wohl freilich ihre Einbindung in das umfassende Ganze.

Nationen und Minderheiten in den Vereinigten Staaten von Europa

Vor der konsequenten Weiterführung der Integration mit dem Ziel einer politischen Einigung in Form einer Föderation braucht man also auch dann, wenn einem die eigene kulturelle Tradition am Herzen liegt, keine Scheu zu haben. Dafür gibt es abermals mehrere Gründe. Zum ersten handelt es sich dabei ja um die politische Verwirklichung jener kulturellen Identität, die in Europa schon in ganzen Geschichtsepochen Wirklichkeit war, und die nur vorübergehend durch Nationalismen, Imperialismen und Totalitarismen unterdrückt wurde; dies ist übrigens so oft und so fundiert von berufener Seite dargelegt worden, daß eine erneute Begründung hier und heute wohl nicht mehr nötig ist.

Zum zweiten sollte man sich vergegenwärtigen, daß die politische Institutionalisierung einer übernationalen europäischen Identität gerade im Angesicht der heute und morgen auf Europa und seine Völker zukommenden Probleme eine Rechtfertigung besitzt, die schon in der Anfangsperiode der Europäischen Bewegung klar begriffen worden war:

Die Einigung Europas soll zum Aufbau einer staatenübergreifenden Friedens- und Rechtsordnung führen. Diese aber wird ihrer Bestimmung erst dann voll gerecht, wenn sie gleichsam die Suprematie des Rechts (um nicht zu sagen: seine Souveränität) verwirklicht.

Auch im Hintergrund dieses Gedankens stand eine Art von Geschichtsdeutung: So, wie die Epoche der Konfessionskriege in Europa erst überwunden wurde, als man sich dazu entschloß, den Einsatz politischer und militärischer Gewalt als Machtinstrument einer Konfession gegen die anderen nicht mehr zuzulassen, so wird auch der Machtkampf der Nationen, der Volkstümer und der Nationalitäten erst dann in ein produktives Miteinander verwandelt werden können, wenn die politische Hoheitsgewalt und die militärische Macht nicht mehr in der Hand eines Volkstums als Kampfinstrument (und damit als potentielles Unterdrückungswerkzeug) gegen andere Volkstümer verwendet werden kann. Mit anderen Worten: so wie im 17. Jahrhundert die politische Macht gegenüber den Konfessionen in einen Status der Überparteilichkeit versetzt wurde, muß sie in unserer Zeit von reinen Volkstumsinteressen abgelöst und ihnen gegenüber "überparteilich" werden. Dies war vor rund 70 Jahren eines der Kernargumente Richard Coudenhove-Kalergis zugunsten der Ablösung nationalstaatlicher Souveränität durch übernational-europäische[17]. Das Argument mag als idealtypische Überspitzung erscheinen – aber als Überspitzung eines Gedankens, der doch nicht ohne Vernunft und ohne fundamentum in re ist.

In den Augen heutiger Europäer ist die gewaltsame Auseinandersetzung um die Durchsetzung religiöser Anliegen nahezu atavistisch: die Überwindung der "Ecclesiastical Polity" (des Gemeinwesens, dessen Identität zugleich konfessionell und politisch bestimmte war, wie das noch Richard Hooker vor 400 Jahren für unabdingbar hielt), durch die "Civil Society" (mit ihrem Civil Government, wie es 100 Jahre später von John Locke begrifflich gefaßt wurde) erscheint uns als freiheitliche und zivile Errungenschaft, deren Negation (etwa in Form islamischer oder anderer "Theokratien") als anrüchiger "Fundamentalismus" gilt[18]. Daß eine politische Doktrin, die die Kongruenz von nationaler und politischer Identität als

17 Siehe etwa Richard Coudenhove-Kalergi, Paneuropa, 4. Aufl. Wien-Leipzig 1926, S. 135 f., sowie S. 136: "Die künftige Trennung von Nation und Staat wird eine ebenso große Kulturtat sein wie die ... von Kirche und Staat... Denn die Nation ist ein Reich des Geistes".

18 Dazu Heinrich Schneider, Auf dem Weg zur "Civil Society" – Die KSZE und die gesamteuropäische Zukunftsordnung, in: "actio catholica" (Wien) 2 (1991), S. 27 ff.

selbstverständlich ausgibt, in ganz ähnlichem Sinn als "fundamentalistisch" gesehen werden sollte – wenn schon nicht von uns selbst, so von unseren Nachfahren –, das mag vielen heute noch befremdlich erscheinen. Tatsächlich liegt die Analogie zwischen beiden Fundamentalismen des Glaubensstaates und des Nationalstaates stärker in der "Natur der Sache" begründet, als man aufs erste annimmt. Der Nationalismus nämlich ist ideengeschichtlich nichts anderes als eine Kontrafaktur, wenn man will: die Pseudomorphose einer religiösen Idee. Im Gegensatz zu gängigen Meinungen stellt nämlich der Nationalismus – als eine spezifische, im neuzeitlichen Europa entstandene Ideologie – nicht einfach eine gesteigerte Form von Vaterlandsliebe dar, und auch nicht die schlichtweg dem souveränen demokratischen Staat entsprechende Integrationsideologie; solche Umschreibungen blenden die inhaltliche Bestimmung aus dem Blickfeld aus, und gerade sie verdient Aufmerksamkeit.

Nationalismus bedeutet, daß die politische Ordnung als Organ und Instrument der Selbstverwirklichung einer "Nation" gesehen wird. Die Nation selbst aber wird dabei als eine überindividuelle, metaphysische Substanz gesehen, die dem Kollektiv Lebenssinn verleiht, sofern seine Glieder an ihr Anteil haben. Kurz zusammengefaßt: es handelt sich um die Umfunktionierung der Idee des "Corpus mysticum". Seit Paulus ist es christliche Glaubenslehre, daß die Einheit der Gemeinde in der "geistlichen", pneumatischen Teilhabe an Christus begründet ist, die durch die Eucharistie immer wieder realisiert wird. Im Mittelalter kommt die Bezeichnung "Corpus mysticum" für die Kirche (nicht, wie vordem, für die Eucharistie) auf, und seit dem 12. Jahrhundert werden auch andere Sozialgebilde, Gemeinwesen, als "corpora mystica" begriffen, da ja für die Theologen die Kirche das vollkommene Leitbild aller menschlichen Gemeinschaften darstellt, die folglich als unvollkommene, gebrochene und abkünftige Nachbilder des wahren "corpus mysticum" gelten. Jede solche "Körperschaft" ist durch so etwas wie eine gemeinsame Substanz geeint (noch die Idee des "objektiven Geistes" ist, wie Ernst Troeltsch erkannt hat, eine späte Umformung des Corpus-Mysticum-Gedankens). So kann denn auch von einem "corpus rei publicae mysticum" gesprochen werden. Das muß noch nicht zur Vergötzung der res publica oder der Nation führen.

In jenen Epochen vor der Herausbildung der modernen "Civil Society" wurde aber dem politischen Gemeinwesen ohnehin sakraler Charakter zugeschrieben: "rex imago Dei", der Herrscher ist in besonderer Weise Abbild Gottes; und die Hochstilisierung des Anspruchs auf unbedingte Herrschaftsmacht führt dazu, daß der Begriff der Souveränität – gleichsam als irdisches Gegenstück zur Allmacht Gottes – aus der Theologie in die Politik übertragen wird. (Noch am Ende der Epoche der "Ecclesiastical Polity" bezeichnet Thomas Hobbes den Staat als den "sterblichen Gott" ...) Wenn aber der Herrschaftsanspruch nicht mehr nur Sache des Herrschers ist, sondern vom Volk und für das Volk erhoben wird; wenn ihm Souveränität zugesprochen werden soll, dann muß ihm auch eine metaphysische – in diesem Zusammenhang: eine metapolitische – Qualität zugeschrieben werden. Die "Nation" wird vergötzbar, weil man sie als Inkarnation einer übernatürlichen Substanz betrachtet; bei Rousseau ist der Gedanke vorgeformt: die volonté générale bewirkt Solidarisierung wie im theologischen Denkraum der "instinctus Spiritui Sancti"; Sieyès spricht der Nation die traditionellen Gottesprädikate zu (die Identität von Essenz und Existenz, die Allmacht, die Allweisheit und die Allgüte); Denker wie Jules Michelet und Giuseppe Mazzini erkennen sie als Trägerin einer messianischen Heilsmission; Johann Gottlieb Fichte bezeichnet die "Deutschheit" als Erscheinung des Göttlichen und die Nation als "Wiedergebärerin und Wiederherstellerin der Welt", und ein später Nachklang solcher Ideen ist noch Emanuel Geibels oft zitierter Vers, am "deutschen Wesen" werde dereinst noch "die Welt genesen" ... Beispiele aus anderen Nationalbewegungen und Nationalkulturen ließen sich anfügen.

Heute aber ist es höchste Zeit, die notwendige Unterscheidung der Geister und der Ideen vorzunehmen. Die Liebe zum Vaterland und zu den Lebens- und Geistesgütern, denen man auch die eigene Identität mitverdankt; die Solidarität mit der Heimat, mit der Sprach- und Kulturgemeinschaft, mit all denen, die das nationale Schicksal teilen, dies alles ist würdig und recht. Aber die nationalistische Idolatrie sollte endlich als das durchschaut werden, was sie ist: als der illegitime Mißbrauch einer metapolitischen Kategorie zu politischen Zwecken.

Hat man das durchschaut, dann wird man auch der Vision der übernationalen Rechts- und Friedensordnung und der Entlastung des Ringens um Lebens- und Entfaltungschancen zum Beispiel für nationale Minderheiten vom Einsatz der Staatsmacht (und vor allem ihrer Repressionselemente) mehr abgewinnen und eine föderale Zukunftsordnung für Europa ins Auge fassen können.

Dieses föderale Europa wird übrigens für die Identitäts-, Erhaltungs- und Entfaltungsprobleme der kleineren ethnischen Gemeinschaften und der Minderheiten neue Voraussetzungen schaffen: In einem einigen Europa werden nämlich ausnahmslos alle zu einer Minderheit gehören, auch die Deutschen, auch die Franzosen: Wenn es je so etwas wie einen europäischen Bundesstaat geben sollte, dann wird er ein Nationalitätenstaat sein, und es wird kein "Mehrheitsvolk" geben.

Von der Vision zur Wirklichkeit

Wieder wird man meinen, solche Überlegungen seien weit weg von der Realität unserer Tage; was nützen uns heute ideengeschichtliche Erinnerungen an vergangene Zeiten und utopisch anmutende Visionen für übermorgen? Aber gerade das Heute enthält das, was aus der Vergangenheit lebendig geblieben ist oder reaktiviert werden kann, und es birgt in sich Möglichkeiten, die man ergreifen kann, und Chancen, die man um der Zukunft willen schon jetzt wahrnehmen muß. Auch dafür soll noch ein Zeuge aufgerufen werden.

Mitten in der Epoche der Teilung Europas, wenige Jahre nach dem Bau der Berliner Mauer, entwarf der langjährige Chefarchitekt der amerikanischen Ost-West-Politik, George F. Kennan, beim Wiener Europa-Gespräch 1965 eine Vision, die damals geradezu waghalsig erscheinen mußte[19].

Kennan meinte, man müsse vorausdenken: an eine Zeit, in der die Ost-West-Spaltung ihre bestimmende Kraft verlieren würde. Dann werde es nötig sein, die Wiederherstellung jener "tragischen Unstabilität" zu vermeiden, die im Zeichen der Rivalität souveräner Staaten die Zwischenkriegszeit bestimmt hätte. Eine wirkliche Lösung der Probleme müsse "etwas von der Errichtung einer Art Vereinigter Staaten von Europa" an sich haben – es gelte, "ein supranationales, föderales politisches System" anzustreben. Nur so ließe sich die Furcht vor Hegemoniepositionen abbauen, namentlich die Furcht vor der gestärkten Potenz eines wiedergeeinten Deutschland. Nur so ließe sich das Problem der nationalen Minderheiten entschärfen und der Teufelskreis der Volkstumskämpfe aufbrechen. Übrigens müßten dann – so George F. Kennan im Jahre 1965! – auch "die gegenwärtigen zwei Allianzen in ein allgemeines Sicherheitssystem verschmolzen" werden.

Das hat damals nicht wenige Zuhörer schockiert. Aber was vor mehr als 25 Jahren als realitätsferne Spekulation Kopfschütteln ausgelöst hat, ist heute zur realpolitischen Perspektive geworden. In dieser Perspektive sollte das Verhältnis von nationaler und europäischer Identität neu und konstruktiv bestimmt werden.

Politik ist – nach Bismarck – "die Kunst des Möglichen". Sie ist aber auch – nach Paul Valéry – "die Kunst, das Notwendige möglich zu machen". Und zugleich ist sie, nach einem Wort Hugo von Hofmannsthals, die Kunst der "Verständigung über das Wirkliche".

19 George F. Kennan, Die Rolle Europas in der Ost-West-Frage, in: Europa-Gespräch 1965 – Brücken zwischen West und Ost, Wien, München 1965, S. 16–33.

V. l. Prof. Dr. Ferenc Glatz, Dr. Werner Ungerer, Prof. Dr. Heinrich Schneider, Dr. Károly Manherz.

DOKUMENTATION

V. l. Otto Wolff von Amerongen, Prof. Dr. Rudolf Andorka, Katalin Botos, Frigyes Hárshegyi.

V. l. Marlene Lenz, Hans Peters, György Csóti, Dr. Karl-Heinz Narjes.

Programm

Ungarn und Deutschland im künftigen Europa
Gründungsveranstaltung des Deutsch-Ungarischen Forums
Budapest, Akademie der Wissenschaften, 3. – 4. Juni 1991

Montag, 3. Juni 1991

Begrüßung und Eröffnung

Prof. Dr. Domokos Kosáry
Präsident der Ungarischen Akademie der Wissenschaften, Präsident des Ungarischen Rates der Europäischen Bewegung

Dr. József Antall
Ministerpräsident der Republik Ungarn

Otto Wolff von Amerongen
Vorsitzender des Ost-Ausschusses der Deutschen Wirtschaft, Mitglied des Präsidiums der Europa-Union Deutschland

Die soziale Marktwirtschaft Ungarns in einem integrierten europäischen Wirtschaftsraum

Gesprächsleitung:
Prof. Dr. Rudolf Andorka
Lehrstuhl für Soziologie an der Budapester Wirtschaftswissenschaftlichen Universität

Einführungen:
Katalin Botos
Ministerin der Republik Ungarn

Otto Wolff von Amerongen
Vorsitzender des Ost-Ausschusses der Deutschen Wirtschaft, Mitglied des Präsidiums der Europa-Union Deutschland

Frigyes Hárshegyi
Vizepräsident der Ungarischen Nationalbank

Europa-Abkommen – EG-Mitgliedschaft: Optionen ungarischer Europapolitik

Gesprächsleitung:
Hans Peters
Vizepräsident des Europäischen Parlaments, Mitglied des Präsidiums der Europa-Union Deutschland

Einführungen:
György Csóti
Mitglied der ungarischen Nationalversammlung, Stellv. Vorsitzender des Auswärtigen Ausschusses

Marlene Lenz
Mitglied des Europäischen Parlaments

Dr. Karl-Heinz Narjes
Vizepräsident des Deutschen Rates der Europäischen Bewegung, Präsident des Arbeitskreises Europäische Integration

Ungarn und Deutschland im künftigen Europa

Ansprachen:
Dr. Géza Jeszenszky
Außenminister der Republik Ungarn

Hans-Dietrich Genscher, MdB
Bundesminister des Auswärtigen der Bundesrepublik Deutschland

Podiumsdiskussion:

Gesprächsleitung:
Prof. Claus Schöndube
Vizepräsident der Union Europäischer Föderalisten

Teilnehmer:
Klaus Francke
Mitglied des Deutschen Bundestages, Bonn

Hans-Jürgen Kaesler
Staatssekretär, Ministerium für Bundes- und Europaangelegenheiten des Landes Sachsen-Anhalt

Dr. László Kiss
Institut für internationale Beziehungen, Budapest

Markus Meckel
Außenminister a.D., Mitglied des Deutschen Bundestages, Bonn

Dr. Pál Rókusfalvy
Geschäftsführender zweiter Vorsitzender des Ungarischen Rates der Europäischen Bewegung

Peter Kurt Würzbach
Parlamentarischer Staatssekretär a.D., Mitglied des Deutschen Bundestages, Bonn

Dienstag, 4. Juni 1991

Nationale und europäische Identität im Widerstreit?

Gesprächsleitung:
Dr. Werner Ungerer
Botschafter a.D., Rektor des Europa-Kollegs, Brügge

Einführungen:
Prof. Dr. Ferenc Glatz
Minister a.D. der Republik Ungarn; Direktor des Europa-Instituts Budapest

Dr. Károly Manherz
Staatssekretär im Amt des Ministerpräsidenten

Prof. Dr. Heinrich Schneider
Vorsitzender des wissenschaftlichen Direktoriums des Instituts für Europäische Politik

V. l. Markus Meckel, Dr. Pál Rókusfalvy, Hans-Jürgen Kaesler, Prof. Claus Schöndube, Peter Kurt Würzbach, Klaus Francke, Dr. László Kiss.

Die Veranstalter des Deutsch-Ungarischen Forums

Ungarischer Rat der Europäischen Bewegung
Präsident: Prof. Domokos Kosáry

Europa-Union Deutschland
Geschäftsführendes Präsidialmitglied: Gerhard Eickhorn

Deutscher Rat der Europäischen Bewegung
Generalsekretär: Horst Brauner

Institut für Europäische Politik (federführend)
Direktor: Dr. Wolfgang Wessels
Koordinatorin: Barbara Lippert

Presseecho

PESTI HÍRLAP (Pester Zeitung) vom 4. Juni 1991*

Genscher befürwortet Grundvertrag zwischen Bonn und Budapest

Gründung des Ungarisch-Deutschen Forums

Ungarns Entwicklung war mit derjenigen von Deutschland im Laufe der Geschichte schon immer verschlungen. Darum können wir hoffen, daß das Zustandekommen der deutschen Einheit den Anschluß Ungarns an Europa bzw. an die Europäische Gemeinschaft erleichtern wird, – sagte Domokos Kosáry, Präsident der Ungarischen Akademie der Wissenschaften und Präsident des Ungarischen Rates der Europäischen Bewegung am Montag vormittag auf der Budapester konstituierenden Sitzung des Ungarisch-Deutschen Forums. Das Forum kam aufgrund der Initiative der Internationalen Europäischen Bewegung zustande. Das Forum wird seine Sitzungen jährlich abwechselnd in Ungarn bzw. Deutschland abhalten. Zielsetzung des Forums ist die Förderung der Beziehungen der beiden Länder durch die Einbeziehung hervorragender Persönlichkeiten. Die Begrüßungsworte des Ministerpräsidenten József Antall würdigten das Forum als die Möglichkeit der Erweiterung und Dynamisierung der Beziehungen. Der Ministerpräsident bezeichnete als wichtigste Aufgabe die Rückkehr Ungarns in die Reihe der freien Nationen Europas.

In den Vormittagsstunden war auch Árpád Göncz, Präsident der Republik, Gast des Forums. Am Nachmittag hielten die beiden Außenminister, Géza Jeszenszky und Hans-Dietrich Genscher Vorträge. Der deutsche Außenminister ist anläßlich der Gründung des Ungarisch-Deutschen Forums zu einem Kurzbesuch nach Budapest gereist. Hans-Dietrich Genscher wurde von József Antall und Árpád Göncz empfangen. Der deutsche Außenminister machte dem Ministerpräsidenten jenen Vorschlag bekannt, demgemäß die wichtigsten Tendenzen der Beziehungen der beiden Länder zukünftig in einem umfassenden Grundvertrag festgehalten werden sollen.

Im Laufe seines kurzen Besuches traf sich der Gast auch mit János Kiss, dem Präsidenten des Vereins der Freien Demokraten (SzDSz), sowie mit Viktor Orbán, dem Präsidenten des Vereins der Jungen Demokraten (FIDESZ).

* Übersetzung der ungarischen Presseartikel ins Deutsche von Katalin Füzesséry.

PESTI HÍRLAP, 1991. június 4.

GENSCHER BONN ÉS BUDAPEST ALAPSZERZŐDÉSÉT JAVASOLJA

Magyar—Német Fórum alakult

Magyarország fejlődése a történelem során mindig összefonódott Németországéval, ezért bízhatunk abban, hogy a német egység megteremtése meg fogja könnyíteni Magyarországnak Európához, az Európai Közösséghez való csatlakozást — mondta Kosáry Domokos, az Akadémia elnöke, az Európa Mozgalom Magyar Tanácsának elnöke hétfő délelőtt a Magyar—Német Fórum budapesti alakuló ülésén. A fórum a Nemzetközi Európa Mozgalom kezdeményezésére jött létre. A testület évente felváltva hazánkban és Németországban ülésezik majd. Célja, hogy a társadalom kiemelkedő személyiségeinek bevonásával elősegítse a két ország kapcsolatainak fejlődését. Antall József miniszterelnök üdvözlő szavai a fórumot a kétoldalú kapcsolatok bővítésének és dinamizálásának lehetőségeként méltatták. A miniszterelnök a legfontosabb feladatként azt jelölte meg, hogy hazánk visszatérjen Európa szabad nemzeteinek sorába.

A délelőtti órákban a fórum vendége volt Göncz Árpád köztársasági elnök is. Délután a két külügyminiszter, Jeszenszky Géza és Hans-Dietrich Genscher tartott előadást. A német külügyminiszter a fórum megalakulása alkalmából érkezett villámlátogatásra Budapestre. Hans-Dietrich Genschert fogadta Antall József, majd Göncz Árpád. A német diplomácia irányítója Antall Józseffel ismertette azt a javaslatot, hogy a két ország kapcsolatainak főbb irányait a jövőben átfogó alapszerződés rögzítse. Rövid vizite során a vendég találkozott Kis Jánossal, a Szabad Demokraták Szövetségének elnökével és Orbán Viktorral, a Fiatal Demokraták Szövetségének elnökével is.

NEPSZAVA (Volksstimme) vom 4. Juni 1991

Ungarisch-Deutsches Forum

Annäherung – bilateral und europäisch

Zur Vertiefung und Institutionalisierung der Beziehungen der beiden Länder ist gestern in Budapest das Ungarisch-Deutsche Forum begründet worden. Aus diesem Anlaß ist gestern Hans-Dietrich Genscher, Vizekanzler und Außenminister, in Budapest angekommen. An der Sitzung nahmen der Präsident der Republik, Árpád Göncz und Ministerpräsident József Antall, Außenminister Géza Jeszenszky sowie etliche Regierungsmitglieder teil.

József Antall würdigte in seiner Rede die Bedeutung des seitens der internationalen Europäischen Bewegung und dem Institut für Europäische Politik aus Deutschland organisierten Ungarisch-Deutschen Forums und darüber hinaus, daß im September dieses Jahres in unserem Lande der Kongreß der Europäischen Bewegung veranstaltet wird. Das ist das erste Mal, daß die Organisation ihren jährlichen Kongreß in einem ehemaligen sozialistischen Staat abhalten wird. Was die Beziehungen zwischen Deutschland und Ungarn in der Vergangenheit und in jüngster Zukunft anbelangt, erinnerte József Antall an die Worte von József Eötvös, der im vergangenen Jahrhundert geäußert hatte: Ungarns Unabhängigkeit hängt davon ab, ob die deutsche Einheit zustande kommt. Nun also – fuhr der Ministerpräsident scherzhaft fort – unlängst, in den Tagen der Freilassung der DDR-Flüchtlinge, waren wir Zeugen des Gegenteils: nämlich, daß die deutsche Einheit gewissermaßen davon abhing, ob Ungarn unabhängig genug sei.

Otto Wolff von Amerongen, Präsident des Ostausschusses der Deutschen Wirtschaft, verwies darauf: Die osteuropäischen Staaten dürfen mit der Umstellung zur richtigen Marktwirtschaft nicht allzulange warten, denn die Untätigkeit verschärft bloß die wirtschaftlichen und politischen Probleme. Und was die größte Gefahr sei, ... diese Probleme würden in den Augen der unzufriedenen Gesellschaft bereits als das Fiasko des neuen Regimes betrachtet.

Wolff von Amerongen äußerte seine Sorgen über die hohe ungarische Inflation bzw. die bürokratischen Schwierigkeiten der wirtschaftlichen Entscheidungen. Dem entgegnete Katalin Botos, Ministerin ohne Portefeuille, folgendes: Die ungarische Inflation ist eigentlich gar keine richtige Inflation, sondern bloß die Anpassung der Preise an die tatsächlichen Aufwendungen. Frigyes Hárshegyi, Vizepräsident der Ungarischen Nationalbank sprach zwar von einer Inflation, aber er sagte, die Inflation sei mäßiger als erwartet...

In seinem am Nachmittag gehaltenen Vortrag beteuerte der deutsche Außenminister, daß Deutschland die Aufnahme Ungarns und der übrigen osteuropäischen Reformländer in die EG ohne Vorbehalt unterstützen wird... Was die Frage der nationalen Minderheiten betrifft, sagte er: Im neuen Europa müssen die Möglichkeiten zur Bewahrung ihrer Identität erhöht werden. In dieser Hinsicht bezeichnete er die Verhältnisse der deutschen Minderheiten in Ungarn als vorbildlich. Über die ungarisch-deutschen Beziehungen stellt er fest: Alles, was die Ungarn und Deutschen im Interesse der weiteren Annäherung tun, tun sie zugleich auch *für Europa*, keinesfalls jedoch *gegen* irgendjemanden.

Géza Jeszenszky behauptete: Es sei eine große Ehre, daß unter den ehemaligen sozialistischen Ländern gerade Ungarn den Kongreß der Internationalen Europäischen Bewegung veranstalten wird.

NEPSZAVA, 1991. június 4.

Magyar–Német Fórum

Közeledés egymásért, Európáért

A két ország kapcsolatainak elmélyítését, intézményesítését szolgáló Magyar–Német Fórum alakult tegnap Budapesten.

Az alakuló ülésre hazánkba látogatott *Hans-Dietrich Genscher*, alkancellár, német külügyminiszter. Jelen volt *Göncz Árpád* köztársasági elnök, *Antall József* miniszterelnök, *Jeszenszky Géza* külügyminiszter, és a kormány több más tagja is.

Antall József beszédében méltatta a *Nemzetközi Európa Mozgalom* és a németországi *Európai Politikai Intézet* szervezésében létrejött Magyar—Német Fórum jelentőségét, továbbá azt, hogy idén szeptemberben hazánkban rendezik az *Európa Mozgalom* kongresszusát. Ez lesz az *első eset*, hogy a szervezet volt szocialista államban tartja legfőbb tanácskozását. A magyar—német viszony régebbi és közelmúltjáról szólva Antall József emlékeztetett *Eötvös József* szavaira, aki még a múlt században kijelentette: a magyar függetlenség attól függ, megvalósul-e a német egység. Nos — folytatta tréfálkozva a miniszterelnök —, nemrégiben, az NDK-s menekültek kiengedésének napjaiban annak lehettünk tanúi, hogy *a német egység bizonyos mértékig attól függött, elég független-e Magyarország.*

Otto Wolff von Amerongen, a Német Gazdaság Keleti Bizottságának elnöke figyelmeztetett: a kelet-európai országoknak nem szabad sokat várniuk az igazi piacgazdaságra való áttéréssel, mert a tétlenség csak fokozza a gazdasági-politikai bajokat. S ami a legfőbb veszély — mutatott rá a nagy tekintélyű német gazdasági vezető — az elégedetlen közvélemény szemében ezek a bajok már *nem a régi, hanem az új gazdasági rendszer kudarcát fogják jelképezni.* Wolff von Amerongen aggodalmát fejezte ki a magas magyarországi *infláció*, illetve a gazdasági döntéshozatal *bürokratikus nehézkessége* miatt.

Válaszfelszólalásában *Botos Katalin* tárca nélküli miniszter kijelentette: *a magyarországi infláció igazából nem is infláció, hanem csupán az árak és a tényleges ráfordításokhoz egymáshoz igazítása.*

Hárshegyi Frigyes, a Magyar Nemzeti Bank alelnöke *inflációról* beszélt, de kijelentette: annak mértéke kisebb a vártnál. Az ország adósságairól szólva elvetette az azok átütemezését, vagy törlését szorgalmazó hazai törekvéseket, mondván, hogy megvalósulásuk *sokkal nagyobb és hosszabb időre szóló kárt okozna, mint amilyen haszonnal járna.*

Délután tartott felszólalásában Hans-Dietrich Genscher német külügyminiszter kijelentette: Németország *fenntartás nélkül* támogatja Magyarország és a többi kelet-európai reformország felvételét az Európai Közösségek szervezetébe. *Mert európai, nem nyugat-európai szervezetről van szó* — hangsúlyozta.

A német politikus a továbbiakban elmondta: országa amellett van, hogy *Gorbacsovot* hívják meg a legfejlettebb ipari országok értekezletére. A nemzeti kisebbségek kérdéséről szólva, Genscher kijelentette: az új Európában növelni kell ezek lehetőségeit *önazonosságuk* megőrzésére. E szempontból a magyarországi németek helyzetét *példamutatónak* nevezte. A magyar—német viszonyt illetőleg pedig leszögezte: mindent, amit a magyarok és a németek további közeledésükért tesznek, egyben *Európáért* is teszik, de semmi esetre sem valaki *ellen*.

Jeszenszky Géza felszólalásában kijelentette: nagy megtiszteltetés Magyarország számára, hogy a volt szocialista országok közül idén ősszel elsőként rendezheti meg a Nemzetközi Európa Mozgalom kongresszusát.

Kepecs Ferenc

NÉPSZABADSÁG (Volksfreiheit) vom 4. Juni 1991

Budapest: Europa-Kongreß

Ein ungarisch-deutscher Vertrag wird abgeschlossen

"Wir waren einer Meinung mit dem Ministerpräsidenten József Antall und dem Außenminister Géza Jeszenszky, daß unsere Länder einen zweiseitigen Vertrag abschließen werden, ... der zur europäischen Stabilität wesentlich beitragen wird" – äußerte sich gegenüber unserer Zeitung der deutsche Außenminister Hans-Dietrich Genscher, der zu einem Kurzbesuch nach Budapest reiste, wo er auf der konstituierenden Sitzung des Ungarisch-Deutschen Forums einen Vortrag hielt.

Deutschlands Verhalten ist unverändert, was Ungarns EG-Mitgliedschaft betrifft – sagte Árpád Székely, außenpolitischer Ratgeber des Ministerpräsidenten nach dem Antall-Genscher-Treffen. Vom umfassenden ungarisch-deutschen Grundvertrag sagte er, dieser werde fast zur gleichen Zeit wie der ungarisch-französische Vertrag unterzeichnet, da unser Land mit den führenden europäischen Ländern ausgeglichene Beziehungen anstrebt.

Die Partner betonten: Weder dieser zweiseitige Vertrag, noch eine regionale Kooperation, wie die Pentagonale, richten sich gegen irgendjemanden. Die regionalen und anderen mehrseitigen Kooperationen dienen der Sicherheit der jeweiligen Region. Gleichzeitig muß auch zur Kenntnis genommen werden, daß "es spezielle deutsch-französische, bzw. deutsch-ungarische Beziehungen gibt", zitierte Árpád Székely Genschers Worte...

Der Gedanke des Zustandekommens eines Ungarisch-Deutschen Forums tauchte im Oktober vergangenen Jahres anläßlich des Treffens der beiden Außenminister auf. Domokos Kosáry, Mitglied der Akademie der Wissenschaften und Präsident des Ungarischen Rates der Europäischen Bewegung, begrüßte in seiner Eröffnungsrede die anwesenden Persönlichkeiten des ungarischen und deutschen politischen und wirtschaftlichen Lebens. Danach sprach József Antall. Er betonte: Es ist eine große Ehre, daß die 1948 gegründete Europäische Bewegung ihren jährlichen Kongreß im September dieses Jahres in unserem Land abhalten wird. Das Europäertum bekommt eine neue Bedeutung, und darin kommt auch dem Ungarisch-Deutschen Forum eine wichtige Rolle zu.

Der Ministerpräsident sagte: Sein Kabinett betrachtet es als seine Aufgabe, das Land in jenes europäische Milieu zurückzuführen, dessen organischer Teil es auch immer gewesen ist, und aus dem es in den vergangenen Jahrzehnten gerissen wurde. Unser Land wünscht die Beziehungen mit den Nachbarländern im Sinne des Helsinki-Prozesses und der Pariser Charta, im Rahmen des neuen europäischen Gedankens zu gestalten – unterstrich der Ministerpräsident...

Unter dem Titel "Ungarn und Deutschland im künftigen Europa" – hielten Hans-Dietrich Genscher und Géza Jeszenszky einen Vortrag.

NÉPSZABADSÁG, 1991. június 4.

BUDAPEST: EURÓPA-KONGRESSZUS

Magyar—német szerződés készül

— Antall miniszterelnök és Jeszenszky külügyminiszter urakkal folytatott megbeszéléseimen egyetértettünk abban, hógy országaink kétoldalú szerződést kötnek, amely jelentőségében megfelel annak, amit Magyarország és Németország kétoldalú kapcsolataiknak tulajdonít, és jelentősen hozzájárul az európai stabilitáshoz is — nyilatkozta lapunknak Hans-Dietrich Genscher. A német külügyminiszter villámlátogatásra érkezett Budapestre, ahol felszólalt a Magyar—Német Fórum alakuló ülésén.

— Németország magatartása nem változott, ami Magyarország EK-beli társult tagságát, illetve a célként megjelölt teljes jogú tagságot illeti — mondta *Székely Árpád*, a miniszterelnök külpolitikai tanácsadója az Antall—Genscher találkozó után. A kapcsolatok legszélesebb skáláját felölelő *magyar—német alapszerződésről* elmondta, hogy azt a magyar—francia szerződéssel közel egy időben írják alá, mert hazánk kiegyensúlyozott kapcsolatokra törekszik a vezető európai államokkal.

A felek aláhúzták: sem ez a kétoldalú szerződés, sem az olyan regionális együttműködés, mint a Pentagonale, *nem irányul senki ellen*. A regionális és más többoldalú együttműködési formák az adott térség biztonságát szolgálják. Ugyanakkor azt is tudomásul kell venni, hogy *„létezik különleges* német—francia, illetve *német—magyar viszony"* — idézte Genscher szavait Székely Árpád.

A német külügyminiszter — *kibővült* programja keretében — fogadta *Göncz Árpád* köztársasági elnök is, aki a szovjet helyzet magyar megítéléséről tájékoztatta a német külügyek irányítóját. Göncz kifejtette, hogy *hazánk támogatja a Szovjetunió meghívását a hét vezető tőkés ország júliusi londoni csúcstalálkozójára*. — A Szovjetunió meghívása nem gazdasági, sokkal inkább politikai döntés — hangsúlyozta a magyar elnök, aki egyébként *George Bushnak* is kifejtette ezt legutóbbi washingtoni találkozójukon.

Faragó András, a magyar államfő szóvivője a Népszabadságnak elmondta, hogy Göncz Árpád és Hans-Dietrich Genscher egyetértettek: *Európa nem képzelhető el a Szovjetunió nélkül*. A szovjet belpolitikai küzdelmek nem közömbösek Kelet-Európa számára, de a térségben lezajlott változások visszafordíthatatlanok. Visszarendeződésnek valós lehetősége nincsen. A német külügyminiszter hozzátette: országa szintén *Gorbacsov* londoni meghívása mellett foglal állást, mert az érveket adhat a szovjet államfőnek hazai politikájához.

A német alkancellár-külügyminiszter az este folyamán találkozott *Kis Jánossal*, az SZDSZ elnökével, majd *Orbán Viktorral*, a Fidesz választmányi tagjával. Jeszenszky Géza külügyminiszter vacsorát adott német kollégája tiszteletére.

— Báró Eötvös József a múlt század közepén úgy gondolta, hogy a magyar függetlenség a német egység létrejöttétől függ. A történelem kiszámíthatatlansága folytán a XX. század végére pedig úgy alakult, hogy a német egység a magyar függetlenség következménye lett — mondta *Antall József* miniszterelnök a Magyar—Német Fórum alakuló ülésén.

A kétnapos tudományos konferenciával egybekötött tanácskozás megnyitóján megjelent *Göncz Árpád* köztársasági elnök, részt vett és felszólalt a néhány órás villámlátogatásra hazánkba érkezett *Hans-Dietrich Genscher* német és *Jeszenszky Géza* magyar külügyminiszter.

A Magyar—Német Fórum megalakításának gondolata a két külügyminiszter tavaly októberi találkozóján merült fel. *Kosáry Domokos* akadémikus, az Európa Mozgalom Magyar Tanácsának elnöke megnyitójában üdvözölte a magyar és a német politikai és gazdasági élet jelen levő személyiségeit. Majd Antall József miniszterelnök tartott beszédet. Hangsúlyozta: hazánknak nagy megtiszteltetés, hogy az 1948-ban alapított Európa-mozgalom idén szeptemberben Budapesten tartja éves kongresszusát. — Az európaiság új jelentőséget kap, s ebben a Magyar—Német Fórumnak is jelentős szerep jut — mondta.

Antall József hangsúlyozta: kormánya feladatának tekinti, hogy az országot visszavezesse abba a természetes európai miliőbe, amelynek az mindig is szerves része volt, s amelytől az elmúlt évtizedekben mesterségesen elszakították. — Hazánk a szomszédos országokkal a helsinki folyamat és a párizsi charta szellemében, az új európai gondolat keretében kívánja kapcsolatait alakítani — húzta alá a miniszterelnök. Magyarország Európa Tanácstagsága és a remélhetőleg az idén tető alá kerülő EK-társulási szerződése megteremti a feltételeit annak, hogy az évtized második felében az EK teljes jogú tagja lehessünk — fűzte hozzá.

A konferencia résztvevői olyan témákról hallgattak meg előadásokat, mint Magyarország szociális piacgazdasága az egyesült Európában, illetve a magyar Európa-politika törekvései. Magyarország és Németország a jövő Európájában címmel Hans-Dietrich Genscher és Jeszenszky Géza tartottak előadást.

Dési András

MAGYAR NEMZET (Ungarische Nation) vom 4. Juni 1991

Gründung des Ungarisch-Deutschen Forums

Genscher versicherte Ungarn Deutschlands unveränderte Unterstützung

Die Bundesregierung wird auch in Zukunft jenen wegweisenden Prozeß betont unterstützen, den Ungarns demokratische Umgestaltung und die Rückkehr des Landes in die freie Gemeinschaft der europäischen Völker bedeutet – unter anderem begrüßte Hans-Dietrich Genscher mit diesen Worten gestern nachmittag die konstituierende Sitzung des Ungarisch-Deutschen Forums in Budapest. Das Ziel der aufgrund der Initiative des Ungarischen und Deutschen Rates der internationalen Europäischen Bewegung gegründeten Organisation ist die Vertiefung der Beziehungen durch gesellschaftliche Einrichtungen. Genscher wies vor den Repräsentanten des politischen, gesellschaftlichen, wirtschaftlichen und kulturellen Lebens der beiden Länder auf folgendes hin: In der jetzigen Phase der europäischen Geschichte, in der die Völker des Kontinents zahlreiche Konzeptionen des zukünftigen Zusammenlebens auszugestalten, erhält das Zustandekommen des Ungarisch-Deutschen Forums eine wichtige und vorbildliche Rolle.

Als gleichfalls vorbildlich bezeichnete der deutsche Außenminister, daß Ungarn – obzwar erst nur vorsichtig – die politische und wirtschaftliche Umgestaltung begonnen hat. Dies war der Anfang, der auch für die übrigen osteuropäischen Länder richtungsgebend war und endlich 1989 zum Sieg der Freiheit in fast ganz Europa geführt hat.

Die Vision eines freien Europas steht vor uns – sagte Genscher – eines Europas, dessen Völker gemeinsam eine freie Demokratie und blühende Wirtschaften zusammenbringen werden. Was die Schicksalsprüfungen des Umgestaltungsprozesses betrifft, bekräftigte der Minister, daß Deutschland mit seinen Partnern gemeinsam Hilfe leisten wird bei dem schweren zur Marktwirtschaft führenden Weg. Bei den Bestrebungen zur Aufnahme in die Europäische Gemeinschaft hat Hans-Dietrich Genscher für Ungarn – und die übrigen Reformländer ebenfalls! – eine uneingeschränkte Unterstützung in Aussicht gestellt. "Wir wollen anstelle der alten politischen Grenzen keine neuen wirtschaftliche Grenzen setzen" – betonte er in diesem Zusammenhang...

Auf der konstituierenden Sitzung hielt auch der ungarische Außenminister Géza Jeszenszky eine Rede. Er wies darauf hin, daß die Gründung des Forums zu einem Zeitpunkt geschieht, in dem Westeuropa unaufhaltsam der Integration entgegenschreitet, und allen Widersprüchen und Geburtswehen zum Trotz die europäische Identität im Werden begriffen ist.

Schon am Vormittag der konstituierenden Sitzung wurden zahlreiche Reden ... gehalten, von denen die Feststellung des Vizepräsidenten der Ungarischen Nationalbank, Frigyes Hárshegyi hervorgehoben werden kann, der bemerkte, daß die Dramatisierung der Schuldenprobleme gefährlich sei, denn zur gleichen Zeit könne die ganze Kreditfrage durch eine entsprechende Wirtschaftspolitik gut gehandhabt werden. Otto Wolff von Amerongen, der Präsident des Ostausschusses der Deutschen Wirtschaft, warnte vor der Euphorie und der Genugtuung darüber, daß es gelungen sei, die Inflation unter 30% herabzudrücken, denn das bedeutet, daß die Regierung die zweistellige Inflation als Tatsache akzeptiert, was hingegen überaus gefährlich sei.

Die Sitzung wird am nächsten Vormittag fortgesetzt.

MAGYAR NEMZET, 1991. június 4.

Megalakult a Magyar—Német Fórum

Genscher Németország változatlan támogatásáról biztosította Magyarországot

— A szövetségi kormány a jövőben is nyomatékkal fogja támogatni azt az útmutató folyamatot, amely Magyarország demokratikus átalakítását és az ország visszatérését jelenti az európai népek szabad közösségébe — egyebek között ezekkel a szavakkal köszöntötte Hans-Dietrich *Genscher*, az NSZK külügyminisztere tegnap délután Budapesten a *Magyar—Német Fórum* alakuló ülését. A *Nemzetközi Európa Mozgalom* magyar és német tanácsának kezdeményezésére megalakult szervezet célja a kapcsolatok széles körű, a társadalmi intézmények szintjén való *elmélyítése*. A két ország politikai, társadalmi, gazdasági és kulturális életének képviselői előtt elmondott beszédében Genscher rámutatott: Európa történetének ebben a fázisában, amikor a kontinens népei a jövőbeli együttélés számtalan koncepcióját alakítják ki, a Magyar—Német Fórum létrehozása fontos és példaértékű szerepet kap.

Ugyancsak példaértékűnek nevezte a német külügyminiszter, hogy Magyarország kezdte meg — igaz, előbb csak óvatosan —, a politikai és gazdasági átalakulást, a nyitást, ami *a többi kelet-európai ország számára is utat mutatott*, s végül 1989-ben csaknem egész Európában a *szabadság győzelméhez vezetett*.

— Egy szabad Európa látomása áll előttünk — vázolta fel jövőképét Genscher — egy szabad Európa, melynek népei szabad demokráciákat és virágzó gazdaságokat hoznak együtt létre. Az átalakulás folyamatának megpróbáltatásairól szólva a német külügyminiszter megerősítette: *partnereinkkel együtt támogatást nyújtunk a piacgazdasághoz vezető nehéz úton*. Magyarország — *és a többi reformország számára ugyancsak!* — korlátlan támogatást helyezett kilátásba Hans-Dietrich Genscher a Közös Piacba való felvételre irányuló törekvéseknél. *„Nem akarjuk a régi politikai határokat új gazdasági határokkal helyettesíteni"* szögezte le ezzel összefüggésben.

Az európai kétoldalú kapcsolatokat elemezve a német külügyminiszter elmondta: előreláthatólag június 17-én írják alá a német—lengyel szerződést, a csehszlovák—német szerződésről szóló tárgyalások megkezdődtek, *„egy Magyarországgal kötendő szerződés pedig, amely a kétoldalú problémáktól mentes együttműködést pecsételné meg, illeszkedne ebbe a szerződési rendszerbe, amely Európában kiegészítő biztonságot teremt"* — állapította meg a német külügyminiszter.

A Magyar—Német Fórum alakuló ülését délelőtt köszöntötte *Antall József* miniszterelnök. Elöljáróban *Eötvös* Józsefet idézte, aki a múlt században úgy fogalmazott, a magyar függetlenség a német egységtől függ. Századunkban, a közelmúltban *egy kicsit a magyar függetlenségtől függött a német egység*, emlékeztetett Antall a két német állam egyesítésének közvetlen előzményeire, majd méltatta az Európa Mozgalom jelentőségét. *A mozgalom idén szeptemberben Budapesten rendezi kongresszusát*, s ennek jelentőségét Antall József az 1948-as hágai kongresszuséhoz hasonlította, amelyen annak idején először került szóba az egyesült Európa gondolata.

Ugyancsak beszédet mondott a Magyar—Német Fórum alakuló ülésén *Jeszenszky* Géza külügyminiszter, aki rámutatott: a fórum megalakulására egy olyan időszakban kerül sor, amikor Nyugat-Európában feltartóztathatatlanul halad előre az integráció, s minden ellentmondás és vajúdás ellenére születőben van az *új európai identitás*. Ugyanakkor Kelet-Európában a XX. század felhalmozódott örökségei folytán reneszánszát éli a *nemzetállam* gondolat, egy újfajta anakronisztikus elzárkózás veszélyeit hordozva magában. A Magyar—Német Fórum egyik legfőbb feladata lehet az olyan tapasztalatok közvetítése, melyek elősegíthetik az integrálódást, a korszerű európaiságot magyarok és szomszédaink számára is.

A Magyar—Német Fórum alakuló ülésén már a délelőtt folyamán számos előadás hangzott el a magyar társadalom átalakulásának aktuális kérdéseit elemezve. Ezek közül külön is említést érdemel *Hárshegyi* Frigyesnek, a Magyar Nemzeti Bank elnökhelyettesítésének megállapítása, aki szerint az adósságprobléma túldimenzionálása veszélyes, ugyanakkor megfelelő gazdaságpolitikával az egész hitelkérdés jól kézben tartható. Otto *Wolff von Amerongen*, a Német Gazdaság Keleti Bizottságának elnöke óvott az eufóriától és az elégedettségtől, hogy sikerült harminc százalék alá szorítani az inflációt: ez ugyanis annyit jelent, hogy a kormány elfogadja a kétszámjegyű inflációt tényként, ami viszont nagyon veszélyes.

A Magyar—Német Fórum alakuló ülése ma délelőtt folytatódik.

(weyer)

MAGYAR HÍRLAP (Ungarische Zeitung) vom 4. Juni 1991

Hans-Dietrich Genschers Kurzbesuch in unserem Land

Zweiseitiger Vertrag mit Deutschland

... "Ungarn und Deutschland im künftigen Europa" – mit diesem Titel begann gestern eine zweitägige Konferenz in der Ungarischen Akademie der Wissenschaften. An der Veranstaltung – die der Ungarische und Deutsche Rat der Europäischen Bewegung, die Europa-Union Deutschland und das Institut für Europäische Politik organisiert hatten – wurde das Ungarisch-Deutsche Forum ins Leben gerufen, welches über die offiziellen Kontakte hinaus einen Rahmen zum regelmäßigen Meinungsaustausch der Gesellschaftsgruppen und Experten der beiden Länder schafft.

Domokos Kosáry, Präsident der Ungarischen Akademie der Wissenschaften und Präsident des Ungarischen Rates der Europäischen Bewegung, schilderte in seiner Eröffnungsrede ein Europabild, in welchem die Bewohner des Kontinents im einander Kennenlernen und Begegnen nichts mehr behindern kann.

Die Teilnehmer der konstituierenden Sitzung wurden von Ministerpräsident József Antall begrüßt, der betonte: Das Ziel der ungarischen Sektion der Europäischen Bewegung sei, unser Land zu den freien Ländern Europas zurückzuführen...

Wolff von Amerongen, Präsident des Ostausschusses der Deutschen Wirtschaft wies darauf hin, daß die deutsche Einheit der Vereinigung Europas dienen muß. Die Verantwortung der Europäischen Gemeinschaft sei für den ganzen Kontinent unerläßlich.

Das zentrale Thema der Vormittagsberatung war die Umgestaltung der ungarischen Wirtschaft, ihre Anpassung an die Marktbedingungen. Katalin Botos, Ministerin ohne Portefeuille, sagte, der Zusammensturz des Rates für gegenseitige Wirtschaftshilfe (Comecon) zwinge unsere Wirtschaft dazu, den Schwerpunkt des Handels von Osten nach Westen zu verlagern.

Zur Bewahrung unserer errungen Positionen ist die Hilfe kapitalkräftiger Partner... unerläßlich, sagte sie. Unser Land stellt dazu die gesetzlichen Vorbedingungen her, bzw. vervollkommnet sie und wünscht jene Finanzeinrichtungen zu schaffen, die mit staatlicher Garantie und der Teilung des Risikos die Unternehmungen unterstützen werden.

Die deutschen Wirtschaftsleiter sind der Meinung, Ungarn möge mit der EG einen asymmetrischen Assoziierungsvertrag abschließen. Wie dies ein Osteuropa-Experte bemerkte, wird die EG alles tun, damit die nicht-subventionierten ungarischen Produkte auf den Markt der EG gelangen können...

Wolff von Amerongen betonte, daß – obzwar man in diesem Jahrzehnt aller Wahrscheinlichkeit nach noch mit einem bedeutenden Unterschied zwischen dem Wohlstand im Osten und Westen rechnen muß, sei dies auf längere Sicht nicht zu tolerieren. Es muß auf jeden Fall verhindert werden, daß die Elite der ungarischen Intelligenz ihr Glück in Wien, Paris oder New York suche. Im großen und ganzen bewertete Wolff von Amerongen die Erfolge bzw. die ungünstigen Begleiterscheinungen der Umstellung der ungarischen Wirtschaft in der Weise, daß Ungarn seine Anpassungsfähigkeit bewiesen habe. Er fügte noch hinzu: wahrscheinlich werden es im Saal mehrere ungern hören, doch darf man nicht vergessen, daß die Reformen im Kádár-Regime begonnen wurden...

Hans-Dietrich Genscher villámlátogatása hazánkban

Kétoldalú szerződés Németországgal

MH-tudósítás

A magyar miniszterelnökkel és a külügyminiszterrel folytatott megbeszélésünkön megállapodtunk abban, hogy országaink kétoldalú szerződést kötnek, kifejezve annak fontosságát, hogy milyen nagy jelentőséget tulajdonítanak az egymás közötti kapcsolatoknak — mondotta tegnap este az újságíróknak adott rövid parlamenti nyilatkozatában Hans Dietrich Genscher német külügyminiszter. Hozzátette, hogy a dokumentum jelentősen hozzájárul majd az európai stabilitáshoz. Mint Székely Árpádtól, a magyar kormányfő külpolitikai tanácsadójától megtudtuk, a kapcsolatok legszélesebb tematikáját tartalmazó alapszerződés készül, hasonlóan ahhoz a dokumentumhoz, amelyen magyar-francia relációban dolgoznak a szakemberek. Hazánk azt szeretné, ha a fontosabb partnerekkel, elsősorban Németországgal és Franciaországgal hozzávetőleg egyidőben írná alá a kétoldalú megállapodást — mondta a tanácsadó. A szerződésre a német külügyminiszter tett javaslatot a magyar-német fórumon tegnap délután elhangzott beszédében. Úgy fogalmazott, hogy országaink problémamentes kapcsolatait bilaterális szerződéssel kellene megpecsételni.

Antall József és Hans-Dietrich Genscher találkozóján a partnerek egyetértettek abban, hogy a különleges magyar-német kapcsolatok nem irányulnak senki ellen, mint ahogyan a regionális együttmüködésnek sem célja, hogy ellenséges érzületeket tápláljon a kívülmaradottakkal szemben. A német diplomácia vezetője megerősítette, hogy nem változott országa magatartása hazánk közös piaci társult tagságával kapcsolatban, amely státuszt egyébként nem tekinti végállomásnak.

A kétoldalú szerződés megkötésének szándékát a német fél diplomáciai csatornákon a tegnapi bejelentést megelőzően jelezte magyar partnerének. A megállapodás tartalmáról hamarosan megkezdődnek a konzultációk. Eredetileg nem szerepelt Hans-Dietrich Genscher programjában a megbeszélés Göncz Árpád köztársasági elnökkel, de kölcsönös megállapodással kibővítették a német külügyminiszter budapesti találkozóinak körét — tájékoztatta az újságírókat Faragó András elnöki szóvivő. Göncz Árpád este fogadta a német politikust és elmondotta, hogyan ítéli meg hazánk a szovjet belpolitikai, gazdasági folyamatokat; a küzdelmeket Kelet-Európa ugyan nem hagyhatja figyelmen kívül, de az elnök véleménye szerint bárhogyan is végződnek, nem fordithatják vissza a térség átalakulását. Miként a közelmúltban Bush elnöknek, a Magyar Köztársaság államfője kifejtette Hans-Dietrich Genschernek is, hogy Gorbacsov meghívásának a londoni tőkés csúcsra nem elsősorban gazdasági, hanem politikai jelentősége lenne. A német külügyminiszter hangsúlyozta, hogy hazája a szovjet elnök meghívása mellett van. Göncz Árpád és német vendége egyetértettek abban is, hogy az egységes Európa nem képzelhető el a Szovjetunió nélkül.

„Magyarország és Németország a jövő Európájában" címmel kétnapos konferencia kezdődött tegnap a Magyar Tudományos Akadémián. A rendezvényen — amelyet az Európa Mozgalom magyar és a mozgalom német tanácsa, a Német Európa Unió és a német Európa-Politikai Intézet szervezett — megalakult a Magyar—Német Fórum, amely a a hivatalos kontaktusokon túl a két ország társadalmi csoportjainak, szakembereinek rendszeres eszmecseréjéhez teremt keretet.

A tanácskozást megnyitó Kosáry Domokos, az MTA elnöke, az Európa Mozgalom Magyar Tanácsának elnöke olyan Európa képét vázolta fel, amelyben a kontinens lakóinak találkozását, egymás megismerését semmi sem gátolhatja. Az alakuló ülés résztvevőit üdvözölte Antall József kormányfő, aki az Európa Mozgalom magyar tagozatának célját abban jelölte meg, hogy hazánkat visszavezesse Európa szabad nemzetei közé. A magyar külpolitika legfontosabb törekvése — mondotta a miniszterelnök —, hogy a politikailag konszolidált, a gazdasági problémákkal sikeresen megbirkózó ország csatlakozhassék az európai integrációhoz és megtalálja a helyét a kontinenst átfogó biztonsági rendszerben.

A Német Gazdaság Keleti Bizottságának elnöke, Wolf von Amerongen rámutatott, hogy a német egyesülésnek Európa egyesítését kell szolgálnia és nélkülözhetetlen az Európai Közösség felelőssége az egész kontinensért.

A délelőtti tanácskozás központi témája volt a magyar gazdaság átalakítása, alkalmazkodása a piaci feltételekhez. Botos Katalin tárca nélküli miniszter elmondotta, a KGST összeomlása arra kényszerítette gazdaságunkat, hogy a kereskedelem súlypontját keletről nyugatra helyezze át. Megszerzett pozícióink megtartásához a miniszter elengedhetetlennek mondta a tőkeerős partnerek segítségét, a külföldi vállalkozók hosszú távú beruházásait. Hazánk mindehhez megteremti, illetve tökéletesíti a törvényi feltételeket, és létre kívánja hozni azokat a pénzügyi intézményeket, amelyek állami garanciavállalással, a kockázat megosztásával segítik az új vállalkozásokat.

A német gazdaság vezetői annak hívei, hogy Magyarország asszimetrikus társulási szerződést kössön az EGK-val. Mint a kelet-európai országok útkeresését évtizedek óta figyelő, azt pontosan ismerő szakember kifejtette, mindent megtesznek majd azért, hogy a nem szubvencionált magyar termékek bekerülhessenek a közösség piacára. Ehhez azonban szükség van az EGK kereskedelempolitikájának megváltoztatására: a belső, támogatott termékek kvótáját csökkenteni, míg Magyarország esetében a közösség piacára jutható cikkek mennyiségét emelni kellene. Von Amerongen figyelmeztetően szólt a több mint 30 százalékos magyarországi inflációról.

Mint mondta, amikor az Európai Közösség mérlegeli a társulási szerződés megkötését, bizonyosan szempont a fizetőeszköz stabilitása, a privatizálás bátorsága. A bürokraták gyakran döntésképtelenek és ezen feltétlenül módosítani kell — vélte a német gazdaságpolitikus. Hangsúlyozta, hogy bár ebben az évtizedben még minden bizonnyal számolni kell a keleti és a nyugati jólét közötti jelentős különbséggel, ez hosszabb távon nem tolerálható. Mindenképpen meg kell akadályozni, hogy a magyar értelmiség színe-java Bécsben, Párizsban vagy New Yorkban keresse boldogulását. Egészében von Amerongen a magyar gazdaság átállásának sikereit és kedvezőtlen kísérőjelenségeit összevetve úgy értékelte, hogy bizonyítottuk alkalmazkodóképességünket. Hozzátette, elképzelhető, hogy a teremben többen nem hallják szívesen, de nem szabad elfeledkezni arról, hogy a Kádár-rendszer tette lehetővé a reformok elkezdését, a gondolkodást és véleménycserét külföldi partnerekkel a lehetséges gazdasági stratégiákról.

Néhány pontban vitába szállt vele Hárshegyi Frigyes. A Magyar Nemzeti Bank alelnöke, rámutatott: a szubvenciók leépítésének következményeként a magyar szakemberek 38-39 százalékos inflációval számoltak és ehhez képest az idei esztendő első négy hónapjában regisztrált 34 százalékos pénzromlás ha nem is jó, de még elviselhető. Az év végéig a pénzügyi kormányzat szeretné ezt 30 százalékra leszorítani. Hárshegyi Frigyes úgy vélte, hogy az egy év alatt privatizált 200 állami vállalat éppenséggel nem a döntéshozók bizonytalanságára utal. Hosszasan beszélt az adósságmenedzselésről, arról, menynyire fontos, hogy Magyarország megőrizze a a megbízható adós hímevét. Fatális következményei lennének — mondotta — ha hazánk kérné adósságának elengedését.Délután a tanácskozáson a német és a magyar külügyminiszter szólt az új, egységes Európa arculatának politikai, gazdasági, kulturális és biztonsági vonásairól, a konfliktusok elhárításának lehetőségéről és a Fórumról, amely felkészítheti a kontinens népeit a korszerű európaiságra. Szeptemberben egyébként hazánkban tartja kongreszusát a Nemzetközi Európa Mozgalom

Frankfurter Allgemeine Zeitung vom 5. Juni 1991

Genscher dämpft die stillen Hoffnungen Ungarns

Vertrag mit Budapest angekündigt / Jeszenszky: Bindung an den Westen / Das deutsch-ungarische Forum

G.H. BUDAPEST, 4. Juni. Auf dem ersten deutsch-ungarischen Forum, das die Stellung beider Länder im künftigen Europa zu bestimmen suchte, hat Bundesaußenminister Genscher in Budapest einen Vertrag mit Ungarn angekündigt, „der eine von bilateralen Problemen unbelastete Zusammenarbeit besiegeln würde". Genscher dämpfte jedoch stille Hoffnungen der Ungarn auf ein besonderes Verhältnis zwischen Deutschland und Ungarn, indem er diesen Vertrag in eine Reihe mit dem deutsch-sowjetischen Vertrag vom September 1990 und mit dem Nachbarschaftsvertrag mit Polen stellte, der keineswegs frei von gegenseitigen Problemen ist, wie die Einsprüche der CSU gezeigt haben. Auch sind die Verhandlungen über einen vergleichbaren Vertrag mit der Tschechoslowakei bereits angelaufen.

Mit Blick auf die EG machte Genscher abermals klar, daß er den Ungarn keine bevorzugte Stellung gibt. Er versprach Bonns „entschlossenes Eintreten für eine weitere Annäherung Ungarns und der anderen Reformstaaten an die Europäische Gemeinschaft", wich jedoch bei der Zusage der „uneingeschränkten Unterstützung" für die Mitgliedschaft in der EG vom Manuskript ab, um Ungarn ausdrücklich in eine Reihe mit anderen Staaten zu stellen. Genscher, der die Erwartungen Budapests, möglichst rasch mit der EG verbunden zu sein, kennt, setzte sich für einen „zügigen Abschluß" der Assoziierungsverhandlungen ein. „Viele fragen uns", sagte der Bundesminister, „was aber kann in der Zwischenzeit konkret getan werden, um die wirtschaftliche Lage der Staaten Mittel- und Osteuropas zu verbessern?" Seine Antwort: „Lassen Sie uns darangehen, einen ‚gesamteuropäischen Wirtschaftsraum' zu schaffen, ebenso einen ‚gesamteuropäischen Energieverbund', einen ‚gesamteuropäischen Kommunikationsverbund', eine ‚gesamteuropäische Verkehrsstruktur' und schließlich einen ‚europäischen Ökologieraum'".

Der ungarische Außenminister Jeszenszky sagte in seiner Antwortrede fast beschwörend: „Wir haben die Zuversicht, daß die Bundesrepublik Deutschland neben der Verwirklichung der Einheit Europas, neben ihren vielseitigen Aktivitäten in Ost-Mittel-Europa und ihren inneren Aufgaben, die viele Anstrengungen erfordern, die Kraft für die kontinuierliche Pflege und Weiterentwicklung der deutsch-ungarischen Beziehungen besitzen wird." Zugleich versprach Jeszenszky eine besondere Hinwendung Ungarns zu den fünf neuen Bundesländern, offenkundig in der auch schon von anderen Mitgliedern der ungarischen Regierung bekundeten Absicht, zur Wiederbelebung der ostdeutschen Wirtschaft beizutragen. Ungarn wolle „jedes Element aufheben und erneuern, das sich in der Zusammenarbeit während der letzten Jahrzehnte als nützlich und gegenseitig vorteilhaft erwiesen hat". Der Außenminister ließ keinen Zweifel daran, das die Regierung unter Ministerpräsident Antall nach einer vielfachen Bindung an den Westen strebt. Den Assoziierungsverträgen mit der EG schrieb er als „wichtigste Aufgabe" zu, Ungarn zu helfen, „eine vollständige Integration sowohl in innerer als auch äußerer Hinsicht restlos vorzubereiten". Schon an diese Assoziierung knüpfte er einen Dialog auch über „sicherheitspolitische Fragen bis hin zur Rüstungskontrolle".

Die sicherheitspolitischen Schwächen Ungarns, die der stellvertretende Vorsitzende des außenpolitischen Parlamentsausschusses, Csoti, auf dem deutsch-ungarischen Forum benannte, griff Jeszenszky nur indirekt auf. Er formulierte die Erwartung an die Nato, die „der Eckpfeiler der europäischen Sicherheit und Stabilität bleiben wird", daß sie „mit den Staaten Mittel- und Ost-Europas die Beziehungen einer neuen Partnerschaft ausbaut". Parallel dazu sucht Budapest „auf der Ebene der Parlamente und Regierungen" auch Zugang zur WEU: „Ungarns Standpunkt nach könnte eine derartige Zusammenarbeit die Form eines Beitritts zur Tätigkeit der Organisation annehmen."

Das deutsch-ungarische Forum war am Montag, noch vor der Ankunft des Bundesaußenministers, im Rahmen eines Treffens der Räte der Europäischen Bewegung beider Staaten in Anwesenheit des ungarischen Staatspräsidenten Göncz und des Ministerpräsidenten Antall gegründet worden. Von deutscher Seite nahmen außer Mitgliedern des Europaparlaments die Bundestagsabgeordneten Francke und Würzbach von der CDU und der ehemalige DDR-Außenminister Meckel für die SPD teil. Das parteiübergreifende Interesse der Ungarn an dieser gemeinsamen Institution mit Deutschland bekundeten die anwesenden ehemaligen Minister Horn und Pozsgay, der ehemalige Staatspräsident Szürös, die Minister Andrasfalvy und Surjan, sowie Abgeordnete des Demokratischen Forums und des Fidesz.

Antall, der noch vor seinem Amtsantritt zum Vizepräsidenten der Europäischen Bewegung gewählt worden war, [illegible] Regierung sehe ihre wichtigste Aufgabe darin, Ungarn in sein „natürliches Milieu der freien Nationen Europas" zurückzuführen, aus dem es vor mehr als vierzig Jahren herausgerissen worden sei. Der Ministerpräsident wies darauf hin, daß Ost-Mittel-Europa nach dem Zerfall des Warschauer Paktes „neuen Herausforderungen" entgegensehe. Bedenkenträgern hielt er entgegen: „Auf lange Sicht kann und darf die Sicherheit der Region in einem gesamteuropäischen kooperativen Sicherheitssystem gewährleistet werden. Dieses Sicherheitssystem soll den ganzen atlantischen Raum, das heißt auch die Vereinigten Staaten und Kanada, umfassen." Dabei stelle die deutsch-ungarische Zusammenarbeit ein wichtiges Mosaik des gesamteuropäischen Gesichts dar, hob Antall hervor, der ebenso wie Außenminister Jeszenszky seine Rede in deutscher Sprache hielt.

Süddeutsche Zeitung vom 5. Juni 1991

Bonn will auch Vertrag mit Budapest

Deutsch-Ungarisches Forum gegründet / Genscher bei Antall

Von Béla Weyer

Budapest, 4. Juni – Ein Vertrag mit Ungarn würde die von bilateralen Problemen unbelastete Zusammenarbeit besiegeln, erklärte Bundesaußenminister Genscher in Budapest, wo er die Gründungsveranstaltung des Deutsch-Ungarischen Forums begrüßte. Genscher würdigte das Vertragsgeflecht, das sich immer dichter zwischen den Staaten Mittel- und Osteuropas sowie Westeuropas entwickelt. Er listete dabei von deutscher Seite den im September 1990 mit der Sowjetunion abgeschlossenen, den mit Polen für den 17. Juni zur Unterschrift vorbereiteten und den mit der ČSFR sich in der Verhandlungsphase befindlichen Vertrag auf. An vierter Stelle erwähnte der Bundesaußenminister die Möglichkeit, auch mit der ungarischen Regierung einen derartigen Vertrag abzuschließen.

Genscher traf während seiner kurzen Visite mit Ministerpräsident Antall, Staatspräsident Göncz, Außenminister Jeszenszky sowie dem Vorsitzenden der oppositionellen Freien Demokraten, János Kis, und dem Fraktionschef der ebenfalls oppositionellen Jungdemokraten, Viktor Orbán, zusammen.

Das Deutsch-Ungarische Forum wurde als Teil der Europa-Bewegung ins Leben gerufen. In seiner Begrüßungsrede teilte Ministerpräsident Antall mit, daß die Europa-Bewegung im September ihren Kongreß in Budapest veranstalten wird.

Die Autoren

József Antall, Ministerpräsident der Republik Ungarn

Gerhard Eickhorn, Geschäftsführendes Präsidialmitglied der Europa-Union Deutschland

Hans-Dietrich Genscher, Bundesminister des Auswärtigen der Bundesrepublik Deutschland

Géza Jeszenszky, Außenminister der Republik Ungarn

Domokos Kosáry, Präsident des Ungarischen Rates der Europäischen Bewegung; Präsident der Ungarischen Akademie der Wissenschaften

Heinrich Schneider, Vorsitzender des wissenschaftlichen Direktoriums des Instituts für Europäische Politik

Otto Wolff von Amerongen, Vorsitzender des Ost-Ausschusses der Deutschen Wirtschaft; Mitglied des Präsidiums der Europa-Union Deutschland